AF384378

24927

EXERCICES ORTHOGRAPHIQUES

A L'USAGE DES ÉCOLES

TENUES PAR

LES FILLES-DE-LA-SAGESSE.

TROISIÈME ÉDITION.

NANTES,

IMPRIMERIE DE VINCENT FOREST ET ÉMILE GRIMAUD,

PLACE DU COMMERCE, 1.

1861.

Ces *Exercices Orthographiques* sont destinés aux Enfants qui ne doivent pas étudier la Grammaire, ou qui, du moins, sont encore trop jeunes pour en commencer l'étude.

C.

EXERCICES
ORTHOGRAPHIQUES

PREMIÈRE PARTIE.

CHAPITRE PREMIER.

1er Exercice. — Copiez tous les mots suivants, et remarquez que chacun d'eux indique, *nomme* un objet : on les appelle *noms*.

Tête.	Tabouret.	Doigt.	Crayon.
Chaise.	Chambre.	Pâte.	Potager.
Cruche.	Vallon.	Plume.	Canif.
Pain.	Statue.	Chandelle.	Fromage.
Chapelle.	Bonnet.	Tiroir.	Confiture.
Fruit.	Trottoir.	Charrue.	Cachet.
Jardin.	Mouchoir.	Montagne.	Gant.
Buisson.	Table.	Comptoir.	Rivière.
Rue.	Salade.	Chemise.	Prairie.
Muraille.	Maison.	Bouche.	Bâtiment.
Barrique.	Boîte.	Banc.	Place.
Marmelade.	Parapluie.	Soulier.	Charrette.

2e Exercice. — Remarquez que devant certains noms on met *un*, tandis que devant les autres on met *une* : c'est que les premiers sont *masculins*, et que les autres sont *féminins*. Copiez les mots ci-dessous, en deux colonnes : d'un côté, les noms masculins, et de l'autre, les noms féminins.

Un capot.	Une poche.	Un ruban.
Un voile.	Une mante.	Une chaussette.
Une botte.	Un drap.	Un gilet.
Un tablier.	Une camisole.	Une brassière.
Une jarretière.	Une manche.	Une robe.
Un lacet.	Une pantoufle.	Un bas.
Une cravate.	Une ceinture.	Une jupe.
Un châle.	Un pantalon.	Un foulard.
Une coiffe.	Un corset.	Une serviette.
Un col.	Un manchon.	Un brodequin.

3ᵉ **EXERCICE**. — Copiez de nouveau les noms du Nº 1, en ajoutant *un* ou *une* devant chacun de ces noms, et en mettant d'un côté les noms masculins, de l'autre, les noms féminins.

4ᵉ **EXERCICE**.—Remarquez que devant certains noms on met *le*, tandis que devant d'autres on met *la*. C'est une seconde marque à laquelle vous reconnaîtrez que les premiers sont masculins, et que les autres sont féminins. Copiez tous les mots ci-dessous : d'un côté, les noms masculins, et de l'autre, les noms féminins.

Le poisson.	La raie.	La moule.
La sardine.	La sole.	La baleine.
Le merlan.	Le turbot.	Le merlus.
Le saumon.	Le homard.	La tanche.
La plie.	Le brochet.	La lamproie.
La carpe.	La perche.	Le maquereau.
Le congre.	Le hareng.	Le rouget.
La morue.	La truite.	Le coquillage.

5ᵉ **EXERCICE**. — Copiez tous les noms du Nº 1, avec *le*

ou *la* devant chacun de ces noms, et partagez-les en deux colonnes : l'une, pour les noms masculins, l'autre, pour les noms féminins.

6° EXERCICE. — Remarquez que devant certains noms on met *ce*, tandis que devant d'autres on met *cette*. C'est encore une marque à laquelle vous reconnaîtrez que les premiers sont masculins, et que les autres sont féminins. Copiez tous les mots ci-dessous : d'un côté, les noms masculins, et de l'autre, les noms féminins.

Ce grenier.	Cette prairie.	Ce cellier.
Cette cave.	Ce séchoir.	Cette cour.
Cette volière.	Ce champ.	Ce portail.
Ce corridor.	Cette galerie.	Cette balustrade.
Ce salon.	Cette serre.	Cette gouttière.
Ce verger.	Ce lavoir.	Cette colline.
Ce plancher.	Cette vigne.	Cette buanderie.
Ce poulailler.	Cette maisonnette.	Ce pré.
Cette fontaine.	Ce four.	Cette ferme.
Ce pressoir.	Ce balcon.	Cette haie.
Cette grange.	Cette classe.	Ce potager.
Cette mare.	Ce contrevent.	Cette cuisine.

7ᵉ EXERCICE. — Copiez tous les noms du N° 1, avec *ce* ou *cette* devant chacun de ces noms, et partagez-les en deux colonnes : l'une, pour les noms masculins, l'autre, pour les noms féminins.

8ᵉ EXERCICE. — Copiez tous les mots suivants, en deux colonnes : d'un côté tous les noms masculins, et de l'autre tous les noms féminins.

Une maladie.	Ce remède.	Un cataplasme.
Un rhumatisme.	Le frisson.	Le choléra.
Cette souffrance.	La peste.	La folie.
La fièvre.	La douleur.	Un panaris.

Ce bain.	Une langueur.	Un rhume.
Cette tisane.	La migraine.	La diète.
Un vésicatoire.	Une consultation.	Un pansement.
Le cérat.	La guérison.	La convalescence.
Cette toux.	La rougeole.	Une potion.
Le typhus.	Cette coqueluche.	Le sirop.
Une faiblesse.	La saignée.	La rechute.

9ᵉ EXERCICE. — 1° Copiez en entier les phrases suivantes. 2° Cherchez-y tous les noms qui s'y trouvent, et copiez-les, en deux colonnes : les noms masculins d'un côté, et les noms féminins de l'autre.

Prenez un panier, et portez cette paille sur le fumier. — J'ai vu le chat prendre une souris. — Ne craignez-vous point que cette pluie n'endommage la moisson ? — Julie, donne le pain qui est sur la table. — Jean conduira le cheval dans la prairie. — Le ciel et la terre publient la gloire divine. — La famille qui habite cette maison est bien malheureuse. — Le vent a arraché un pommier de ce verger. — Le linge et la vaisselle de cette femme ont été saisis par la justice. — Une rose, un camélia, la violette et le jasmin que vous avez apportés feront un bouquet charmant. — Un chien a aboyé toute la nuit dans la rue.

10ᵉ EXERCICE. — Remarquez que le même mot, tel que *sabot*, signifie tantôt une seule chose, *un seul sabot*, et tantôt deux ou plusieurs choses de la même espèce, *deux sabots*. Quand il n'exprime qu'une chose, il est au *singulier*, et, quand il en exprime deux ou plusieurs, il est au *pluriel*. Copiez tous les mots suivants, tels qu'ils sont rangés.

Un sabot,	deux sabots.
Une calotte,	trois calottes.
Un manchon,	quatre manchons.
Une coiffe,	cinq coiffes.
Une bottine,	six bottines.
Un foulard,	sept foulards.

Un corset,	huit corsets.
Un ruban,	neuf rubans.
Une plume,	dix plumes.

11ᵉ Exercice. — Copiez tous les mots suivants en mettant, d'un côté, tous les noms singuliers, et de l'autre, tous les noms pluriels.

Un balai.	Une nappe.	Sept napperons.
Deux bâtons.	Douze fourchettes.	Un saucier.
Trois cordes.	Six tasses.	Huit saladiers.
Un verre.	Trois bols.	Neuf salières.
Quatre bouteilles.	Une cafetière.	Dix bouchons.
Une carafe.	Deux soupières.	Vingt cuillères.
Un gobelet.	Cinq bougeoirs.	Quatre soucoupes.
Six couverts.	Huit chandeliers.	Un flacon.
Neuf serviettes.	Une théière.	

12ᵉ Exercice. — Copiez les mots suivants, comme ils sont rangés, et remarquez que l'on met *le* ou *la* devant les noms singuliers, et *les*, devant les noms pluriels.

Le charbon,	les charbons.
La cendre,	les cendres.
Le chenet,	les chenets.
La broche,	les broches.
La marmite,	les marmites.
La casserole,	les casseroles.
Le gril,	les grils.
La poêle,	les poêles.
Le chaudron,	les chaudrons.
La pelle,	les pelles.
La crémaillère,	les crémaillères.
La cheminée,	les cheminées.
Le soufflet,	les soufflets.

13ᵉ Exercice. — Copiez les mots suivants, en mettant

d'un côté tous les noms singuliers, et de l'autre, tous les noms pluriels.

Le charpentier.	Le cordier.	Le cordonnier.
Les couvreurs.	Le voilier.	Les ferblantiers.
Les maçons.	Le chapelier.	Les libraires.
Le menuisier.	Les fabricants.	Les fournisseurs.
Le serrurier.	Les meuniers.	Les quincailliers.
Les jardiniers.	Le charron.	Les tisserands.
Les boulangers.	Les plâtriers.	Le tonnelier.
Les forgerons.	Les cuisiniers.	Les vanniers.
Le boucher.	Les tailleurs.	Le tourneur.
Les charcutiers.	Le sabotier.	Le passementier.

14° EXERCICE. — Copiez les mots suivants, comme ils sont rangés, et remarquez que l'on met *ce* ou *cette* devant les noms singuliers, et *ces*, devant les noms pluriels.

Ce livre,	ces livres.
Cette plume,	ces plumes.
Ce canif,	ces canifs.
Cette feuille,	ces feuilles.
Cette règle,	ces règles.
Ce papier,	ces papiers.
Ce cahier,	ces cahiers.
Ce devoir,	ces devoirs.
Cette composition,	ces compositions.
Ce crayon,	ces crayons.
Ce grattoir,	ces grattoirs.
Ce dictionnaire,	ces dictionnaires.

15ᵉ EXERCICE. — Copiez les mots suivants, en mettant d'un côté tous les noms singuliers, et de l'autre, tous les noms pluriels.

Ces grammaires.	Ce canton.	Ce torrent.
Ces géographies.	Cette ville.	Ces vallées.
Ces pupitres.	Ces chemins.	Ce bourg.
Cette table.	Ces guirlandes.	Ce hameau.
Ces bancs.	Cette couronne.	Ce village.
Ces cartes.	Cette statue.	Ces précipices.
Cette fleur.	Ce reposoir.	
Ces tablettes.	Ces bannières.	

16ᵉ Exercice. — Copiez les mots suivants, en mettant d'un côté les noms singuliers, et de l'autre, les noms pluriels.

Ma victoire,	mes victoires.
Ma maladie,	mes maladies.
Ma blessure,	mes blessures.
Mon plaisir,	mes plaisirs.
Ma tristesse,	mes tristesses.
Ma joie,	mes joies.
Ma consolation,	mes consolations.
Mon malheur,	mes malheurs.
Mon tourment,	mes tourments.
Mon triomphe,	mes triomphes.
Mon chagrin,	mes chagrins.
Mon regret,	mes regrets.

17ᵉ Exercice. — Copiez les mots suivants, en mettant d'un côté les noms singuliers, et de l'autre, les noms pluriels.

Ma toile.	Mes futaines.	Mon cordonnet.
Mes mousselines.	Ma filoselle.	Mes soieries.
Mon calicot.	Mes soies.	Mes draps.
Mon coutil.	Mon fil.	Mon coton.
Ma gaze.	Mon ruban.	Mes molletons.

1*

Ma flanelle.	Ma bure.	Mes cachemires.
Mes lacets.	Mon mérinos.	
Mes laines.	Ma couverture.	

18ᵉ Exercice. — Copiez les mots suivants, tels qu'ils sont rangés, et remarquez qu'on met *ton* ou *ta* devant les noms singuliers, et *tes*, devant les noms pluriels.

Ton jardin,	tes jardins.
Ta maison,	tes maisons.
Ta cuisine,	tes cuisines.
Ton four,	tes fours.
Ton verger,	tes vergers.
Ta cave,	tes caves.
Ta bergerie,	tes bergeries.
Ton hangar,	tes hangars.
Ta grange,	tes granges.
Ton grenier,	tes greniers.
Ton moulin,	tes moulins.
Ta métairie,	tes métairies.
Ton champ,	tes champs.
Ta charrue,	tes charrues.
Ta galerie,	tes galeries.

19ᵉ Exercice. — Copiez les mots suivants, en mettant d'un côté les noms singuliers, et de l'autre, les noms pluriels.

Ton tablier.	Ton gilet.	Ton parapluie.
Tes robes.	Tes souliers	Ta couverture.
Ta coiffure.	Ta perruque.	Tes chaussons.
Ta redingote.	Tes gants.	Ton col.
Tes bonnets.	Tes garnitures.	Tes vêtements.
Ta ceinture.	Tes chaussures.	Ton voile.

20ᵉ Exercice. — Copiez les mots suivants, tels qu'ils sont rangés, et remarquez qu'on met *son* et *sa* devant les noms singuliers, et *ses,* devant les noms pluriels.

Sa douceur,	ses douceurs.
Sa vertu,	ses vertus.
Son cantique.	ses cantiques.
Sa folie,	ses folies.
Sa gomme,	ses gommes.
Son pistolet,	ses pistolets.
Sa carnassière,	ses carnassières.
Son sac,	ses sacs.
Son rêve,	ses rêves.
Sa poudre,	ses poudres.
Sa provision,	ses provisions.
Son dévidoir,	ses dévidoirs.
Sa dette,	Ses dettes.

21ᵉ Exercice. — Copiez les mots suivants, en mettant d'un côté tous les noms singuliers, et de l'autre, tous les noms pluriels.

Ses moutons.	Sa chèvre.	Ses paons.
Sa vache.	Ses serins.	Son cygne.
Son bœuf.	Ses lapins.	Sa tourterelle.
Son chien.	Ses poissons.	Sa colombe.
Ses chats.	son perroquet	Ses pigeons.
Ses poules.	Ses rossignols.	Ses bêtes.
Ses canards.	Son rat.	
Sa dinde.	Sa pie.	

22ᵉ Exercice. — Copiez tous les mots suivants, en ayant soin de mettre d'un côté tous les noms singuliers, et de l'autre, tous les noms pluriels.

Une fleur.	La chaumière.	Quatre fontaines.
Les roses.	Cette mousse.	Le rocher.

Cette montagne.	Un marécage.	Huit boutons.
Les nues.	La haie.	La racine.
Le tonnerre.	Ses prières.	Le tronc.
Ces buissons.	Trois rivières.	La sève.
Deux pensées.	Sa frayeur.	Ce bourgeon.
Mes primevères.	Les taches.	Un pilier.
Ta piété.	Ces branches.	Deux tisons.
Ses scrupules.	Sa tige.	Ce réservoir.
Un parterre.	Dix feuilles.	

23ᵉ Exercice. — Copiez de nouveau, en deux colonnes, les noms singuliers et les noms pluriels de l'exercice 10 ; et remarquez que le même nom, tel que *sabot,* qui n'est pas terminé par *s* au singulier, prend *s* à la fin, quand il est au pluriel.

24ᵉ Exercice. — Copiez les mots suivants, en ajoutant *s* à la fin de ceux qui sont au pluriel.

Un pauvre.	Ce directeur.	Une mère.
Deux pauvre.	Ces directeur.	Trois mère.
La grâce.	Son privilége.	Cette cérémonie.
Les grâce.	Ses privilége.	Ces cérémonie.
Ton pied.	Mon péché.	Ma propriété.
Tes pied.	Mes péché.	Mes propriété.
Une larme.	Ta dévotion.	Son protecteur.
Quatre larme.	Tes dévotion.	Ses protecteur.

25ᵉ Exercice. — Écrivez tout ce qui suit, et ajoutez *s* à la fin des noms qui sont au pluriel.

Les casserole, les marmite et le chaudron de la cuisine. — Le plat, les cuillère et les soupière de ce réfectoire. — La porte et les fenêtre de ces chambre. — Les arbre de ces allée de ton jardin. — Le bonnet, le mouchoir, les soulier et les robe de ma mère. — Les habit et les papier de mon père. — Cinq mouchoir dans les poche de ta sœur. — Le thé, le café et les biscuit sur les table. — Les rue et les place de cette ville. — Les drap et les couverture de ce lit. — Les croisée de ces appartement. — Plusieurs poule et plusieurs poulet dans le poulailler. — Les toit et les cheminée de ces cabane. — Tes pantoufle, tes chausson, tes botte et tes sabot. — Les pantalon, les gilet et plusieurs habit pour nos frère. — Mes plume, mon papier, mon crayon et mes livre. — Les tisane, les remède et les bain pour ce malade. — Mes bottine, mon corset, mes manche, mes ruban et ma mante. — Le grenier, la cuisine, les chambre, les salle et la cave de nos maison. — Les plancher et les plafond de ces salon.

26ᵉ Exercice. — Remplacez devant les noms ci-dessous, *le, la* par *les*; *un, une* par *deux* ou *trois* ou *plusieurs*; *ce, cette* par *ces*; *mon, ma* par *mes*; *ton, ta* par *tes*; *son, sa* par *ses*; puis, mettez tous les noms au pluriel, en y ajoutant *s*.

Le froment.	Ma carotte.	Cette framboise.
Le fraisier.	Son persil.	Ce marron.
La pomme.	Ce blé.	Ma châtaigne.
Une laitue.	Sa poire.	Ta prune.
Un melon.	La pêche.	Ta chicorée.
Ce haricot.	Le raisin.	Ton cresson.
Cette figue.	Une cerise.	Sa betterave.
Mon navet.	Un groseiller.	Ce houblon.

27ᵉ Exercice. — Remplacez, devant les noms ci-dessous, *les* par *le* ou *la*, selon que le nom est masculin ou féminin; *deux, quatre* par *un* ou *une*; *ces* par *ce* ou *cette*; *mes* par *mon* ou *ma*; *tes* par *ton* ou *ta*; *ses* par *son* ou *sa*; puis, mettez tous les noms au singulier, en retranchant *s* finale.

Les prieurs.	Ces maîtresses.	Ces recteurs.
Deux sacristains.	Les chanoinesses.	Deux communautés.
Les figures.	Tes soupçons.	Quatre portraits.
Ses secrets.	Les paroles.	Ces sermons.
Mes projets.	Ses trésors.	

28ᵉ Exercice. — Copiez ces phrases, en mettant au singulier les noms pluriels, et au pluriel les noms singuliers, comme vous l'avez fait dans les deux exercices précédents.

Remplis deux arrosoirs et arrose le parterre. — J'ai changé un canif pour un étui. — Donne ce livre à tes sœurs. — Les paquerettes de cette prairie. — Il donnera ses richesses à ces pauvres. — Julie cueille les violettes — Elle a posé cette fleur sur la cheminée. — Les recteurs de ces paroisses. — Jean conduira le mouton dans le champ. — Marie, donne deux pains à ces familles. — On a pris le voleur. — Regardez donc ce chat. — Le préfet, le maire, le président de cette ville. — Le clocher et la cloche.

Refaites tous les exercices, depuis le N° 1ᵉʳ jusqu'ici, avant de passer outre.

29ᵉ Exercice. — Remarquez que chaque nom est ici accompagné d'un autre mot, qui exprime une qualité de ce nom. Ces mots ainsi ajoutés aux noms s'appellent des *adjectifs*. Copiez tous les noms et tous les adjectifs qui suivent, en mettant chaque nom, avec le mot qui le précède, dans une colonne à gauche, et chaque adjectif dans une autre colonne à droite, vis-à-vis du nom auquel il se rapporte.

Un corridor étroit.	Ta robe verte.
Une chambre haute.	Tes appartements neufs.
La vallée profonde.	Sa conduite régulière.
Le bâtiment complet.	La rivière débordée.
Cette galerie élégante.	Les roses épanouies.
Ce cabinet noir.	Une assiette cassée.
Un toit élevé.	Deux manteaux longs.
Une cabane pauvre	Un tablier noir.
La muraille blanchie.	La serrure faussée.
Le chat gris.	Le pavillon chinois.
Une vitre brisée.	Cette montagne escarpée.

30ᵉ Exercice. — Copiez, en une colonne, tous les noms imprimés en lettres italiques dans les phrases suivantes ; et écrivez, dans une autre colonne à droite, l'adjectif de chacun de ces noms vis-à-vis du nom auquel il se rapporte.

Ma jeune *sœur* a une mauvaise *santé*. — Voici une *image* jolie. — Le *chat* gris a pris une petite *souris*.— Prenez votre *robe* bleue. — Ma *main* droite me fait mal. — Ma chère *maman* m'a donné deux grosses *prunes*. — Dieu nous accorde toujours les *grâces* nécessaires. — Continuez cette *lecture* intéressante. — Marie est une bonne *mère* et une puissante *avocate*. — La grande *allée* du vieux *château*. — La touchante *histoire* de Joseph. — Le bon *Dieu* bénit les *enfants* dociles. — Je vous souhaite une bonne *année*, ma chère *maman*. — Cette petite *fille* a un *air* modeste. — Cette charitable *personne* nous a secourues. —Nous admirons la *patience* inaltérable de ces pauvres *gens*. — Les *eaux* limpides de ce petit *ruisseau* — La naïve *simplicité* de ces heureux *enfants*. — Le profond *respect* de ces bons *serviteurs*.—La *charité* infinie de notre divin *Sauveur*. — Les *plaintes* réitérées de cette *famille* infortunée.

31ᵉ Exercice. — Cherchez, dans les phrases suivantes, les noms qui ont un adjectif, et écrivez-les dans une colonne à gauche ; puis, mettez les adjectifs vis-à-vis dans une autre colonne à droite.

Cette écriture est correcte. — Voici une fleur très-odorante. — Il court un bruit très-fâcheux. — Combien sa conduite a été édifiante ! — Ces plumes sont excellentes. — La miséricorde de Dieu est infinie. — Julie est bien studieuse. — Que cette procession était donc belle ! — Cette circonstance est bien affligeante. — Quelque grands que soient ses besoins, croyez que la protection toute-puissante de notre Mère ne lui manquera pas. — Ces fleurs si fraîches feront une guirlande bien plus élégante. — La joie si naïve de ces enfants a adouci la douleur toujours profonde de ma mère.

32ᵉ Exercice. — 1° Copiez tous les noms suivants avec leurs adjectifs tels qu'ils sont, mais en mettant à gauche ceux qui sont masculins, et à droite ceux qui sont féminins, de façon toutefois que les deux noms auxquels est joint le même adjectif, se trouvent toujours l'un vis-à-vis de l'autre.

2° Remarquez que chacun des adjectifs, qui, dans ces exemples, qualifie un nom féminin, prend à la fin un *e* de plus qu'au masculin.

Le chêne vert.	La prairie verte.
Une jolie fable.	Le joli billet.
La sainte pensée.	Le saint projet.
La fenêtre ronde.	Ce plat rond.
Cette prière fervente.	Un congréganiste fervent.
Une pensionnaire soumise.	Un écolier soumis.
Le grand tilleul.	La grande avenue.
Ce balcon élégant.	La façade élégante.
Sa robe bleue.	Le papier bleu.
Ma petite sœur.	Son petit frère.
Une brillante victoire.	Le papillon brillant.
Son profond respect.	La rivière profonde.
Sa méthode parfaite.	Un modèle parfait.
Cette histoire édifiante.	Son entretien édifiant.

53° EXERCICE. — 1° Copiez tous les noms suivants avec leurs adjectifs, en ayant soin de faire passer tous les noms masculins dans la colonne de gauche, et tous les noms féminins dans celle de droite, comme vous l'avez fait dans l'exercice précédent.

2° Ajoutez un *e* à la fin de chaque adjectif qui est joint à un nom féminin.

Un cri perçant.	La laid écriture.
Cette étoffe noir.	Un fait certain.
Une pomme cuit.	Ta vache méchant.
Cette terre dur.	Son jupon court.

Une jolie pur.	Un cœur pur.
Une vue perçant.	Sa mante brun.
Un chat noir.	Une ligne droit.
Un rôti cuit.	Un air serein.
Le pain dur.	Une chose exact.
Le tablier laid.	Son châle brun.
Une histoire certain.	Un chemin droit.
Ce méchant homme.	Une physionomie serein.
Sa jupe court.	Ce compte exact.

34ᵉ Exercice. — 1° Cherchez, dans les phrases suivantes, les noms qui ont des adjectifs, et écrivez-les avec leurs adjectifs en deux colonnes : les masculins à gauche, et les féminins à droite ; puis, ajoutez un *e* aux adjectifs joints à des noms féminins.

2° Copiez en entier les phrases suivantes, en y corrigeant les adjectifs auxquels il manque un *e* pour être d'accord avec leurs noms.

Avez-vous vu la joli brebis de Jeanne ? — Je vous remercie de cette excellent étoffe. — J'aime la sauce épicé. — La salade était trop salé. — Le vent violent qu'il fait. — L'infini charité de N.- S. pour les hommes. — La vertu éprouvé de cette petit ouvrière. — Le pantalon noir de mon frère aîné. — C'est la meilleur action que vous puissiez faire. — Le grand étendard de Gustave est déchiré. — Le foulard bleu ne vaut plus rien. — La ligne droit est celle qu'il faut suivre. — La semaine prochain elles iront vous voir. — Le grand chêne de la forêt vient de tomber. — La poule noir a pondu. — Vous avez fait une promenade charmant hier. — Cette fleur bleu me plaît beaucoup. — Ce vénérable vieillard inspire un profond respect. — Vous avez obtenu la récompense proposé. — Juliette est reconnaissant envers vous. — La prière fervent élève jusqu'au cœur de Dieu. — Une seul feuille manque à ce livre.

35ᵉ Exercice. — 1° Copiez tous les noms ci-dessous avec leurs adjectifs, en mettant à gauche ceux qui sont au singulier, et à droite ceux qui sont au pluriel, de manière que les deux noms auxquels est joint le même adjectif se trouvent toujours l'un vis-à-vis de l'autre.

2° Remarquez alors que le même adjectif qui n'est pas terminé par *s* quand il est joint à un nom singulier, prend *s* à la fin, quand il est avec un nom pluriel.

Un pommier chargé.	Ces arbres chargés.
Ces marronniers touffus.	Un bois touffu.
Un poirier arraché.	Dix tilleuls arrachés.
Le prunier fleuri.	Deux rosiers fleuris.
Les noisetiers secs.	Un roseau sec.
Ce peuplier élevé.	Les oliviers élevés.
Ces petits noyers.	Un petit châtaignier.
Un bosquet charmant.	Ces bois charmants.
Ce laurier blanc.	Les accacias blancs.
Un abricotier mort.	Trois cerisiers morts.
Deux ormeaux déracinés.	Un saule déraciné.
L'oranger gelé.	Ces citronniers gelés.
Un arbuste vert.	Les groseillers verts.
Les framboisiers coupés.	Le pêcher coupé.

36ᵉ EXERCICE. — 1° Copiez tous les noms suivants, avec leurs adjectifs, en ayant soin de faire passer tous les noms singuliers dans la colonne de gauche, et tous les noms pluriels dans la colonne de droite, comme vous l'avez fait dans l'exercice précédent.

2° Ajoutez *s* à la fin de tous les adjectifs qui appartiennent à des noms pluriels:

Un cahier rayé.	Cette personne humble.
Les roses rouge.	Les robes simple.
Ce grand chemin.	Deux cahiers rayé.
Le torrent débordé.	La rose rouge.
Un pigeon envolé.	Ces grand chemins.

Les torrents débordé.	Tes bons frères.
Trois pigeons envolé.	Ma mère chérie.
Ces personnes humble.	Sa cravate double.
La robe simple.	Un gilet brun.
Ses cravates double.	Le nuage sombre.
Huit gilets brun.	Deux médecins habile.
Les nuages sombre.	Mon bon père.
Un médecin habile.	Nos mères chérie.

37ᵉ Exercice. — Copiez en entier les phrases suivantes, en y corrigeant les adjectifs auxquels il manque une *s* pour être d'accord avec leurs noms.

Ces adroit marchands ont parfaitement réussi. — Les constante pratiques de vertu que nous avons sous les yeux. — Puissions-nous ne jamais oublier vos bon conseils! — Ces grand candelabres doré répondent bien au reste de vos riche décorations. — Mesdemoiselles, nous ne choisirons parmi vous que des élèves soumise et appliquée pour former le cortége de Marie. — Ces devoirs inachevé prouvent votre paresse. — Ces accès fréquent de fièvre m'inquiètent beaucoup. — Les progrès soutenu de Jeanne remplissent de joie le cœur de ses bon parents. — Ces fléaux continuel ne convertiront-ils pas ces pécheurs endurci? — Votre sœur a remporté les premier prix, et la mienne n'a eu que les dernier accessits. — Les efforts constant de ces soldats étranger leur ont valu les applaudissements réitéré du public.

38ᵉ Exercice. — Copiez tous les noms ci-dessous avec leurs adjectifs; et, en comparant la 1ʳᵉ colonne avec la 2ᵉ, et la 2ᵉ avec la 3ᵉ, remarquez qu'ici les adjectifs des noms féminins pluriels prennent d'abord un *e* de plus qu'au masculin, et ensuite une *s* de plus qu'au singulier.

Ce cahier fini.	Cette page finie.	Ces pages finies.
Le temps perdu.	La journée perdue.	Les journées perdues.

Un plat rond.	Une table ronde.	Deux tables rondes.
Le vent apaisé.	La tempête apaisée.	Les tempêtes apaisées.
Un verre cassé.	Une vitre cassée.	Cinq vitres cassées.
Ce volet ouvert.	Cette fenêtre ouverte.	Ces fenêtres ouvertes.
Un coffre fort.	Une ville forte.	Trois villes fortes.
L'air malsain.	La saison malsaine.	Les saisons malsaines.
Un devoir correct.	Une copie correcte.	Deux copies correctes.
Son soulier usé.	Sa pantoufle usée.	Ses pantoufles usées.
Un cœur bienfaisant.	Une âme bienfaisante.	Les âmes bienfaisantes.
Le chat brun.	La poule brune.	Les poules brunes.

39ᵉ Exercice. — Copiez tous les noms ci-dessous, en mettant, après chacun de ceux de la 2ᵉ et de la 3ᵉ colonne, l'adjectif du nom qui lui correspond dans la 1ʳᵉ; mais ayez soin d'ajouter les lettres nécessaires pour qu'il soit d'accord avec son nom.

Un pot brisé.	Une tasse.	Deux tasses
Ce clou pointu.	Cette cheville	Ces chevilles
Un homme grand.	Une femme	Les femmes
Le corridor étroit.	La rue	Les rues
Un arbre taillé.	Une vigne	Les vignes
Le foin récolté.	La moisson	Les moissons
Ce sucre fondu.	Cette glace	Ces glaces
Son mauvais caractère	Sa prononciation	Leurs prononciations
Un jeu interrompu.	L'étude	Les études
Ce mur élevé.	Cette colonne	Ces colonnes
Un ruban bleu.	Une ceinture	Deux ceintures.
Un cœur pur.	Une âme	Les âmes
Un repas gai.	Une conversation	Les conversations
Ce paquet perdu.	Cette lettre	Ces lettres

40ᵉ Exercice. — Copiez en entier les phrases suivantes,

et corrigez-y les adjectifs auxquels il manque un *e* et une *s* pour être d'accord avec leurs noms.

Avez-vous vu les sœurs aîné de Marianne ? — Ces récompenses si bien mérité, elle les doit à ses maîtresses chéri. —Vous avez reçu deux grâces signalé. — Les veilles assidu de mon père ont épuisé ses forces déjà affaibli. — Les couvertures sont usé.—Les chambres bien blanchi et bien aéré de cette maison. — Les figures noirci de ces soldats. — Les feuilles détaché de ces grands arbres. — Les prairies émaillé de joli fleurs. — Les joies pur de l'enfance. — Mettez en pratique ces saint résolutions. — Prenez, sur les planchettes supérieur de cette étagère, les images colorié que vous y verrez. — Ces chaussures éculé doivent vous fatiguer. — Plusieurs zélé Religieuses partent, le mois prochain, pour ces infortuné contrées privé des lumières vivifiant de la Foi.

41ᵉ Exercice. — Copiez les phrases suivantes, et remarquez, dans les premières, que lorsque deux noms singuliers ont le même adjectif, cet adjectif se met toujours au pluriel soit masculin, si les deux noms sont masculins, soit féminin s'ils sont tous les deux féminins. Remarquez, de plus, dans les secondes phrases, que lorsqu'un des deux noms est féminin comme *pluie*, et l'autre masculin comme *vent*, c'est avec le masculin que l'adjectif s'accorde, toujours en se mettant au pluriel.

Un livre et un canif égarés.
Une plume et une règle égarées.
Ce melon et ce raisin mûrs.
Cette orange et cette poire mûres.
Le peuplier et le chêne morts.
La branche et la feuille mortes.

Une pluie et un vent froids.
La haie et le mur renversés.
Cette fauvette et ce rossignol apprivoisés.
Ma croix et mon chapelet bénits.

42e EXERCICE. — Copiez ce qui suit, en ajoutant aux adjectifs les lettres nécessaires pour qu'ils s'accordent avec les noms auxquels ils appartiennent.

Le fleuve et le ruisseau tari.
Cette croix et cette médaille doré.
La carafe et le verre brisé.
Une souris et un rat attrapé.
Cette rose et cette aubépine épanoui.
La longueur et la largeur égale.
La sœur et le frère puni.
Son manteau et son gilet déchiré.
Une prière et un travail assidu.
La maison et le pont détruit.
Sophie et Louise étourdi.
Une montre et une pendule arrêté.
La galerie et la cour extérieur.
Ce seau et ce panier percé.
Une bougie et un cierge éteint.
Anna et Jules récompensé.
Une oriflamme et une bannière bleu.

43e EXERCICE. — Copiez toutes les phrases suivantes en faisant aux adjectifs les changements indiqués dans l'exercice 42.

La tenue et la conduite édifiant de ces enfants font la consolation de leur vertueuse mère. — Les succès de Paul sont le fruit et le résultat mérité de son application. — Cette contrée, si longtemps décimé par la guerre, jouit enfin d'une paix et d'un bonheur parfait. — Sa gourde et son bissac rempli, le pèlerin se remit en marche. — Que je regrette cette grâce et cette indulgence perdu par ma faute ! — Cette rose et cette tulipe si joli seront flétries ce soir. — Ma sœur et mon frère, bien supérieur à ces petitesses, ont agi avec une charité et une modération bien désintéressé. — Une humilité et une confiance persévérant font violence au Ciel. — Ma tante et mon oncle, sauvé miraculeusement de ce désastre, nous donnèrent tous ces détails. — Sa douceur et sa simplicité connu de tout le monde sont devenu proverbiales. — Elle a préféré à une fortune et à une position élevée, la livrée et la vie obscure de la Sagesse. — Voici une charrette et un tombereau chargé de marchandises. — La grâce et la nature, toujours opposé l'une à l'autre, nous portent l'une au bien, l'autre au mal. — Une volonté et un cœur droit font toujours le bien. — Cette humiliation et cette souffrance, supporté chrétiennement, seront un jour récompensées d'une gloire et d'un bonheur infini. — Avez-vous remarqué le visage et le corps amaigri et décharné de ces enfants? — Prenez votre robe et votre voile noir. — La charité et la patience presqu'infini de nos saintes compagnes, gagneront certainement ces cœurs endurcis. — Le foin et le blé coupé, nous serons libres de notre temps.

Reprenez depuis le 29ᵉ exercice.

CHAPITRE SECOND.

44ᵉ EXERCICE. — *Parmi les vingt-cinq lettres qui composent tous les mots français, il y en a six qu'on appelle* voyelles, *ce sont :* a, e, i, o, u, y. *Toutes les autres s'appellent* consonnes.

Copiez tous les mots suivants en deux colonnes : d'un côté tous ceux qui commencent par une voyelle, de l'autre tous ceux qui commencent par une consonne.

Ami.	Instrument.	Image.	Abeille.
Bateau.	Feuille.	Embarras.	Bouquet.
Canon.	Ile.	Vigne.	Magasin.
Ouvrage.	Nuit.	Étui.	Usage.

Soleil.	Escalier.	Lilas.	Tabernacle.
Union.	Encre.	Yeux.	Orgueil.
Étage.	Arbre.	Oriflamme.	Autel.
Rivière.	Oiseau.	Ange.	Encensoir.
Éventail.	Parterre.	Cœur.	Éléphant.
Ombre.	Eucharistie.	Achat.	

45e EXERCICE. — Copiez les mots suivants, et remarquez que, dans la colonne de gauche, le mot *un* se prononce toujours *une*, comme s'il se trouvait devant une voyelle ; tandis que, dans la colonne de droite, on prononce *un* comme si le mot *un* se trouvait devant une consonne. La raison en est que, dans les mots de gauche, *h* est *muette*, c'est-à-dire qu'elle ne dit rien, et que le mot se prononce comme s'il commençait par la voyelle suivante ; tandis que, dans les mots de droite, *h* est *aspirée*, ce qui fait que le mot *un* doit se prononcer comme devant une consonne.

Un habit.	Un haillon.
Un hiver.	Un hachis.
Un hommage.	Un hameau.
Un honneur.	Un hanneton.
Un hospice.	Un hareng.
Un hectolitre.	Un haricot.
Un héritage.	Un hasard.
Une histoire.	Un hérisson.
Une habitude.	Un hêtre.
Une herbe.	Un hochet.
Un hôpital.	Un hibou.
Un horizon.	Un houx.
Un habitant.	Une halle.
Une haleine.	Un homard.
Un hameçon.	Une hache.
Une harmonie.	Une haie.
Un héliotrope.	Une hanche.

Un hémisphère.

Une hérésie.

Une hermine.

Une héroïne.

Une hésitation.

Une heure.

Une hirondelle.

Un homonyme.

Une honnêteté.

Une horloge.

Une horreur.

Un hortensia.

Une hostie.

Un hébreu.

Un hôtel.

Un huissier.

Un huilier.

Une huître.

Une humeur.

Une humiliation.

Une hymne.

Une hypocrisie.

Une hydropisie.

Une hémorragie.

Un hangar.

Une hardiesse.

Une harpe.

Un héros.

Un héron.

Une hiérarchie.

Une hotte.

Une houe.

Une houlette.

Une huche.

Une huée.

Un hurlement.

Une hutte.

Un hors-d'œuvre.

Une halte.

Une huppe.

Un hideux spectacle.

Un hargneux caractère.

Un air hagard.

Un événement honteux.

Une houssine.

Les hardes.

La houille.

46ᵉ Exercice. — Copiez les mots suivants, et remarquez que, devant les mots singuliers qui commencent par une voyelle ou par une *h* muette, au lieu de *le* ou de *la*, on écrit *l'*, c'est-à-dire qu'on supprime *e* ou *a*, et que, à la place de ces lettres, on met une *apostrophe*.

Nota. Quand vous serez embarrassées de savoir s'il faut une apostrophe après la lettre *l* au commencement d'un mot, demandez-vous à vous-mêmes, si l'on peut dire, par exemple : *un lagneau, une lorange*, comme on dit *un livre, une laitue*. Vous verrez bien que non, et vous en conclurez que la lettre *l* ne fait pas partie des mots *agneau, orange*, et doit, par conséquent, en être séparée par une apostrophe.

L'agneau , *au lieu de* .	le agneau.
L'orange..................	la orange.
L'haleine	la haleine.
L'insecte	le insecte.
L'innocence..............	la innocence.
L'humidité.	la humidité.
L'horreur................	la horreur.
L'imprimeur	le imprimeur.

47e EXERCICE. — Copiez les mots suivants, et remarquez que, devant tous les noms qui commencent par une voyelle ou une *h* muette, on prononce *un* et *une* de la même manière, comme si partout il y avait *une,* quoique les noms suivants soient masculins. Mais vous ne devez pas moins, en écrivant, distinguer entre *un* et *une,* et mettre toujours *un* devant les noms masculins, comme dans la colonne de gauche, et *une* seulement devant les noms féminins, comme dans la colonne de droite.

Noms Masculins.	*Noms Féminins.*
Un épi.	Une armoire.
Un ouvrage.	Une allumette.
Un horloger.	Une épidémie.
Un anneau.	Une hôtellerie.
Un aliment.	Une épée.
Un hérétique.	Une oie.
Un abattoir.	Une agrafe.
Un abbé.	Une abbaye.
Un écheveau.	Une hirondelle.
Un économe.	Une humiliation.
Un imposteur.	Une éclipse.
Un apôtre.	Une histoire.
Un hameçon.	Une heure.

48ᵉ EXERCICE. — Copiez les mots suivants, et remarquez 1° que tous les noms de la première colonne sont masculins, et que cependant on met *ce* devant les uns et *cet* devant les autres. C'est que les premiers commencent par une consonne ou une *h* aspirée, et que les autres commencent par une voyelle ou une *h* muette. Remarquez 2° la différence qu'il y a entre *cet* et *cette :* On ne met *cet* que devant les noms masculins, et *cette* que devant les noms féminins.

Noms masculins.	*Noms féminins.*
Ce livre.	Cette étoile.
Cet encrier.	Cette pendule.
Ce héros.	Cette œuvre.
Cet étui.	Cette allumette.
Ce cornet.	Cette toile.
Cet hiver.	Cette tuile.
Ce réverbère.	Cette planète.
Cet éteignoir.	Cette écharpe.
Cet équipage.	Cette charrette.
Ce carrosse.	Cette humanité.
Ce vieillard.	Cette action.
Cet omnibus.	Cette heure.
Cet édifice.	Cette sagesse.
Cet accueil.	Cette école.
Cet acte.	Cette boutique.
Ce hurlement.	Cette harpe.

49ᵉ EXERCICE. — Copiez les mots suivants en deux colonnes : les noms masculins d'un côté, les noms féminins de l'autre ; puis, remplacez *un* par *ce* ou *cet*, et *une* par *cette,* d'après ce que vous avez vu dans l'exercice précédent.

Une table.	Une écuelle.	Un paillasson.
Un éclair.	Une habitude.	Un éventail.

Une écumoire.	Un haricot.	Une abbaye.
Un herbier.	Un rosier.	Un abreuvoir.
Une hache.	Un églantier.	Un embarras.
Une église.	Un artichaut.	Un événement.
Un embarcadère.	Une asperge.	Une ouverture.
Une offense.	Un foyer.	Une armure.
Une ouvrière.	Une forêt.	Un éloge.
Un emballage.	Un assassinat.	Un ramoneur.

50° EXERCICE. — Copiez les mots suivants, et remarquez que *mon* et *ma* se changent toujours en *mes* au pluriel ; *ton* et *ta*, en *tes* ; *son* et *sa*, en *ses* ; *notre*, en *nos* ; *votre*, en *vos* ; *leur*, en *leurs*.

Mon bien,	mes biens.
Mon assiette,	mes assiettes.
Ma robe,	mes robes.
Ton cahier,	tes cahiers.
Ton histoire,	tes histoires.
Ta règle,	tes règles.
Son jardin,	ses jardins.
Son herbe,	ses herbes.
Sa hache,	ses haches.
Notre maison,	nos maisons.
Notre œuf,	nos œufs.
Votre chien,	vos chiens.
Votre poule,	vos poules.
Leur perte,	leurs pertes.
Leur gain,	leurs gains.

51° EXERCICE. — Copiez tous les mots ci-dessous, en mettant au pluriel ceux qui sont au singulier, et au singulier ceux qui sont au pluriel.

Mon frère.	Vos talents.
Votre sœur.	Leurs raisons.
Sa servante.	Mes motifs.

Son serviteur.	Ses cris.
Leur oncle.	Nos pensées.
Ton parent.	Tes intentions.
Ma nièce.	Ses soupçons.
Son filleul.	Leurs projets.
Ta cousine.	Vos rapports.
Notre tante.	Tes explications.
Sa marraine.	Nos renseignements.
Votre cousin.	Vos conseils.
Ton tuteur.	Leurs appuis.
Notre ami.	Ses détours.
Son parrain.	Mes réponses.

52ᵉ Exercice. — En copiant ce qui suit, remarquez, à gauche, qu'on écrit *ces* au pluriel, quand au singulier il y a *ce*, *cet* ou *cette*, et remarquez, à droite, qu'on écrit *ses* au pluriel, quand au singulier il y a *son* ou *sa*. Donc, quand vous serez embarrassées de savoir si, devant un nom, il faut mettre *ces* ou *ses*, demandez-vous ce que vous mettriez, si le même nom était au singulier. Au singulier, mettriez-vous *ce*, *cet* ou *cette*? écrivez *ces* au pluriel; au contraire, mettriez-vous *son* ou *sa* au singulier? écrivez au pluriel *ses*.

Ce livre,	ces livres.	Son livre,	ses livres.
Cet étui,	ces étuis.	Son étui,	ses étuis.
Cette plume,	ces plumes.	Sa plume,	ses plumes.
Cette épingle,	ces épingles.	Son épingle,	ses épingles.
Ce pupitre,	ces pupitres.	Son pupitre,	ses pupitres.
Cette aiguille,	ces aiguilles.	Son aiguille,	ses aiguilles.
Cette chaise,	ces chaises.	Sa chaise,	ses chaises.
Cette dentelle,	ces dentelles.	Sa dentelle,	ses dentelles.
Ce panier,	ces paniers.	Son panier,	ses paniers.
Cet osier,	ces osiers.	Son osier,	ses osiers.
Cet exercice,	ces exercices.	Son exercice,	ses exercices.
Cette courroie,	ces courroies.	Sa courroie,	ses courroies.

53ᵉ Exercice. — Copiez les phrases suivantes, en retranchant celui des deux mots *ces* ou *ses* qui vous paraîtra ne rien valoir, après la question que vous vous ferez comme à l'exercice précédent.

Cette mère élève bien *ces*, *ses* enfants. — J'ai cueilli *ces*, *ses* dalhias dans le jardin. — Ma sœur a fini *ces*, *ses* devoirs. — Votre amie vous a confié *ces*, *ses* peines. — Où avez-vous acheté *ces*, *ses* belles images? — Avez-vous remarqué comme *ces*, *ses* jolis petits enfants ont été charitables pour *ces*, *ses* pauvres que nous avons rencontrés? — Cet officier a perdu tous *ces*, *ses* effets dans cette dernière guerre. — La solide piété de *ces*, *ses* jeunes gens fait l'admiration de tout le monde. — *Ces*, *ses* soldats se sont conduits en braves. — *Ces*, *ses* bonnes résolutions que vous avez prises, quand les mettrez-vous en pratique? — Sophie a retrouvé *ces*, *ses* ciseaux; mais elle a perdu *ces*, *ses* aiguilles. — Ma tante nous a fait part de *ces*, *ses* projets. — *Ces*, *ses* fleurs font un bel effet dans *ces*, *ses* longues allées. — Cette brebis aime bien *ces*, *ses* petits agneaux. — Avez-vous lu *ces*, *ses* livres? — *Ces*, *ses* quartiers sont malsains. — Comme *ces*, *ses* nuages sont noirs! — Jésus disait à *ses*, *ces* disciples : Laissez venir à moi *ces*, *ses* petits enfants.

54ᵉ Exercice. — Copiez les noms suivants, et remarquez qu'ils ne prennent pas une *s* de plus au pluriel, comme ils devraient le faire, suivant la règle ordinaire; c'est qu'ils sont terminés par *s*, *x* ou *z*, et que tous les noms ainsi terminés s'écrivent au pluriel comme au singulier.

Une brebis,	deux brebis
Un avis,	ces avis.
Ce mets,	ces mets.
La souris,	les souris.
Le bois,	les bois.
Son succès,	ses succès.
Ce concours,	ces concours.
Son secours,	ses secours.

Un pois,	mille pois.
Une fois,	deux fois.
Une noix,	ces noix.
Ma croix,	mes croix.
La voix,	les voix.
Un prix,	plusieurs prix.
Le nez,	les nez.
Ce gaz,	ces gaz.

55e Exercice. — Copiez ce qui suit, et remarquez que les adjectifs terminés au singulier par *s* ou *x*, restent au pluriel ce qu'ils sont au singulier, ainsi qu'on l'a dit des noms dans l'exercice précédent.

Un œuf frais,	deux œufs frais.
Ce tablier gris,	ces tabliers gris.
Le vin vieux,	les vins vieux.
Ce porc gras,	ces porcs gras.
Ce fruit doux,	ces fruits doux.
Un caractère jaloux,	les caractères jaloux.
Un arbre gros,	quatre arbres gros.
Le chemin mauvais,	les chemins mauvais.
Le beurre roux,	les beurres roux.

56e Exercice. — Copiez les mots suivants dans une première colonne, et, dans une autre colonne à droite, répétez-les au pluriel, comme dans les exercices précédents, en mettant *deux* au lieu de *un, une ; les* au lieu de *le, la ; ces* au lieu de *ce, cet, cette.*

Le champ.	Un taillis.	Ce tapis.
Un puits.	Cet encens.	Cet avis.
Ce chêne.	Le remords.	Cet abcès.

Une fleur.	Cette faute.	Le choix.
Un crucifix.	La souris.	Le recours.
Le relais.	Un rhume.	Un commis.
Le taux.	Ce succès.	Un panaris.
Un crayon.	Une manche.	Le dais.
Le secours.	Ce parvis.	Un repas.

Le bienfaiteur généreux.	Le pauvre boiteux.
Un voyage périlleux.	Le pavillon portugais.
Le bas étage.	Ce mauvais résultat.
Un passage dangereux.	Un fruit doux.
Un soldat français.	Le jus épais.

   57ᵉ **Exercice.** — Copiez les mots suivants, et remarquez que les noms et les adjectifs qui sont terminés au singulier par *au*, prennent une *x* et non pas une *s* au pluriel, selon la règle ordinaire.

Le tombeau,	les tombeaux.
Un bateau,	trois bateaux.
Cette eau,	ces eaux.
Le ruisseau,	les ruisseaux.
Votre anneau,	vos anneaux.
Un fourneau,	six fourneaux.
Un rameau,	neuf rameaux.
Ton couteau,	tes couteaux.
Le vin nouveau,	ces airs nouveaux.
Ce beau tableau,	plusieurs beaux tableaux.

   58ᵉ **Exercice.** — Copiez les mots suivants dans une première colonne, et, dans une autre colonne à droite, répétez-les au pluriel, comme à l'exercice précédent, en mettant *deux* au lieu de *un, une; les,* au lieu de *le, la; ces,* au lieu de *ce, cet, cette.*

Cette médecine.	Un plateau.	Ce corbeau.
Un bureau.	Ce gâteau.	La baratte.
Un château.	Le cimetière.	Un fourreau.
Ce ruisseau.	Ce morceau.	Un agneau.
Le préau.	Une soucoupe.	Le poing.
Cet oignon.	Un râteau.	Le vaisseau.
Ce caveau.	Un soliveau.	Un poinçon.
Un fuseau.	L'écriteau.	Ce fléau.

59e Exercice. — Copiez les mots suivants dans une première colonne, et répétez-les au pluriel, de la même manière que vous l'avez fait dans l'exercice précédent.

Un tonneau.	Un discours.	Cet hérétique.
Le sifflet.	Un pouce.	Ce velours.
Le riz.	Une aiguille.	Un catéchisme.
Ce coteau.	Ce berceau.	La boutique.
Cette tulipe.	Le bureau.	Le vanneau.
Un jambonneau.	Cette antichambre.	Ce tréteau.
Un excès.	Ce géant.	Cet index.
Un cyprès.	Un moineau.	L'échantillon.
Ce lambeau.	L'escabeau.	Un atlas.
Un ours.	Un succès.	Ce châssis.
Ce procès.	Un réseau.	Le débris.

60e Exercice. — Copiez ce qui suit, et remarquez que ces noms et ces adjectifs, au lieu de prendre une *s* au pluriel, selon la règle ordinaire, changent *al* en *aux*, et il en est de même de presque tous les noms et les adjectifs terminés en *al* au singulier.

Un général,	quatre généraux.
Un hôpital,	six hôpitaux.
Le canal,	les canaux.
Un local,	les locaux.

2*

Son rival,	ses rivaux.
Un fanal,	deux fanaux.
Le cardinal,	les cardinaux,
Ce cheval,	ces chevaux.

Son caractère égal,	les comptes égaux.
Un livre moral,	cinq livres moraux.
Un partage inégal,	les revenus inégaux.
Son but principal,	les faits principaux.
Le serment baptismal,	les fonts baptismaux.
Un principe libéral,	les principes libéraux.
Un pays méridional,	ces pays méridionaux.
Ce monument national,	ces édifices nationaux.
Cet officier municipal,	dix officiers municipaux.

61ᵉ Exercice. — Copiez les mots suivants comme vous avez copié ceux de l'exercice 58, en ayant soin de former leur pluriel, d'après ce que vous avez vu dans les exercices précédents.

Un capital.	Un caporal.	Ce puits.
La gouttière.	Le goulot.	Un égoût.
Cet animal.	La vaisselle.	Une écuelle.
Votre marchandise.	Ton casaquin.	Le cristal.
Sa sauce.	Cet original.	Mon éteignoir.
Le radical.	La pelure.	Une pie.
Ta casquette.	Une bûche.	Le pied.
Son chantier.	Un placard.	Un poids.
Un amiral.	Le tribunal.	Son bras.
Le postillon.	Votre gilet.	Le mal.
Un matelas.	Un corporal.	Le talon.

Cet homme brutal.	L'attention soutenue
L'adjectif numéral.	Un aliment végétal.
Un ornement sacerdotal.	Le tablier pareil.

La traduction incorrecte.   Cet exercice modéré.
Un notaire royal.   Le palais impérial.
Un avis général.   Un impôt illégal.
Un bruit infernal.   Un principe vital.
Un péché capital.

62ᵉ Exercice. — Copiez les mots suivants dans une colonne à gauche, et, dans une deuxième colonne à droite, répétez-les au pluriel.

Le lambris.	Cet insecte.	Un fauteuil.
Cette épidémie.	L'hôpital.	Cet arbrisseau.
Le concours.	Ce vassal.	Son ciseau.
Son logis.	Un onguent.	Un colis.
Son oiseau.	L'allumette.	Le rideau.
Une avalanche.	Un instrument.	Un chevreau.
Une effigie.	Ce bosquet.	Un propos.
L'agrafe.	Le taillis.	Une étape.
Cet accès.	Un carreau.	Cet ustensile.
Ce poignet.	Son laquais.	Une usine.
Le marais.	Le tamis.	Le bouillon.
Un tonneau.	Ce fanal.	Un lis.
Un taudis.	Son vaisseau.	Votre loyer.
Votre châle.	Un ulcère.	Une rente.
Le confessionnal.	Votre avis.	Cette dépense.
Un bol.	Le fourneau.	Un commis.
L'arsenal.	Son lit.	Une abbaye.
Une volaille.	La paroi.	Le figuier.
La clochette.	Cette image.	Une perdrix.

Un vieux chapeau.	Le chemin rural.
Votre bien patrimonial.	Un panier plein.
Le peuple oriental.	Un principe fondamental.
Une sauce rousse.	La dentelle fine.
Ce chiffre décimal.	Un nombre ordinal.
L'écriture indéchiffrable.	Le devoir bien appris.
Une feuille double.	Le règlement général.

Avant de passer outre, revenez sur tout ce qui précède
depuis le commencement du chapitre second, 44ᵉ Exercice.

—————

63ᵉ Exercice. — Copiez ce qui suit, et remarquez que,
lorsqu'un adjectif est terminé par *e* muet au masculin, on
n'y ajoute pas un autre *e* pour le féminin, comme le voudrait la règle générale.

L'homme sage.	Constance est sage.
Son jardin fertile.	La plaine fertile.
Un esprit juste.	La voix juste.
Le coton rouge.	Une étoffe rouge.
Charles est sensible.	Une âme sensible.

64ᵉ Exercice. — Copiez les mots suivants, et, après
chaque nom féminin, dans la colonne de droite, répétez le
même adjectif qui est placé vis-à-vis dans la colonne de
gauche, après un nom masculin; mais ayez soin, en même
temps, de mettre cet adjectif au féminin, et par conséquent,
d'y ajouter un *e* muet, quand la règle de l'exercice précédent l'exige.

Ce pain dur.	Cette pierre
Un fruit rare.	Une fleur
Un remède salutaire.	Une pensée
Cet arbre pourri.	Cette filasse
Louis est habile.	Caroline est
Le chien méchant.	La chienne
Ce canard sauvage.	Cette cane
Un enfant docile.	Une élève
Un verre clair.	Cette eau

65ᵉ Exercice. — Copiez ce qui suit, et remarquez que
les adjectifs qui, au masculin, sont terminés par *et*,

prennent ordinairement un second *t* avant de prendre l'*e* final.

Votre frère cadet.	Ma sœur cadette.
Un ruban violet.	Une mousseline violette.
Un plat net.	Une place nette.
Le garçon muet.	La fille muette.

66ᵉ Exercice. — Copiez ce qui suit, et, après chaque nom féminin, répétez l'adjectif placé dans la première colonne après le nom masculin. Il est toujours entendu que vous ferez, quand il y aura lieu, le changement nécessaire pour que chaque adjectif s'accorde avec son nom.

Un visage propret.	Une mise
Un bouquet odorant.	Une fleur
Le calcul exact.	La relation
Ce vin aigrelet.	Cette sauce
Un discours vrai.	Cette anecdote
Un oreillet douillet.	Une personne

67ᵉ Exercice. — Même devoir qu'à l'exercice précédent.

Ce charbon noir.	Cette écharpe
Le lait aigre.	La cerise
Ton grattoir excellent.	Ta pendule
Un travail utile.	Une occupation
Un caractère noble.	Une famille
Le velours bleu.	La soie
Son visage maigrelet.	Sa figure
Un nuage sombre.	Une couleur
Son corps fluet.	Sa tournure

68ᵉ Exercice. — Copiez les mots suivants, et remarquez que les adjectifs qui, au masculin, sont terminés par *el* ou par *eil* doublent l'*l* au féminin, avant de prendre l'*e* final.

Son revenu annuel.	Sa rente annuelle.
Cet acte solennel.	Cette fête solennelle.
Un visage vermeil.	Une rose vermeille.
Le temps actuel.	La misère actuelle.

69ᵉ Exercice. — Copiez ce qui suit, et, après chaque nom féminin, répétez l'adjectif placé dans la première colonne après le nom masculin.

Un entretien spirituel.	Une lecture
Un fait inouï.	Une aventure
Le feu artificiel.	La fleur
Un examen superficiel.	Une connaissance
Un anneau doré.	Une épingle
Ce bel arbre.	Cette plante est
Votre canevas pareil.	La ligne

70ᵉ Exercice. — Même devoir qu'à l'exercice précédent.

Un appartement obscur.	Une allée
Un apprenti inhabile.	Une ouvrière
Son travail assidu.	Son application
Un caractère non-pareil.	Une beauté
Cet air triste.	Cette figure
Le nouvel accident.	La musique
Mon pinceau usé.	Cette toile
Le tourment perpétuel.	La chaleur

71ᵉ Exercice. — Copiez ce qui suit, et remarquez que les adjectifs terminés au masculin par *ien* ou par *on*, doublent l'*n* au féminin avant de prendre l'*e* final.

L'esprit chrétien.	La famille chrétienne.
Le mur mitoyen.	La cour mitoyenne.
Un discours bouffon.	Une plaisanterie bouffonne.

Le peuple italien.	La langue italienne.
Un soldat breton.	Une paysanne bretonne.
Ce seigneur est baron.	Cette dame est baronne.

72ᵉ EXERCICE. — Copiez ce qui suit, et après chaque nom féminin, répétez l'adjectif placé dans la première colonne après le nom masculin.

Notre pain quotidien.	Ma prière
Un catholique fervent.	Une pensionnaire
Le clergé parisien.	Une coutume
Un cataplasme émollient.	Cette plante
Ce couloir étroit.	Cette avenue
Mon frère est musicien.	Sa sœur est

73ᵉ EXERCICE. — Même devoir qu'à l'exercice précédent.

Un ancien magistrat.	L'histoire
Le fer poli.	La pierre
Un chrétien fidèle.	Une amie
Le chemin aplani.	La difficulté
Ce plaisir cruel.	Cette conduite
Un fléau terrible.	Une crise
Un vin clairet.	Une liqueur
Mon bon père.	Ta mère est
Votre vêtement chaud.	Sa couverture
Ce terrain humide.	Cette salle
Le peuple bourguignon.	La nation

74ᵉ EXERCICE. — Copiez ce qui suit, et remarquez que les adjectifs terminés au masculin par *f*, changent l'*f* en *v* avant de prendre l'*e* final.

Un esprit vif.	Une foi vive.
Un drap neuf.	Une coiffe neuve.
Un domestique actif.	Une servante active.
Son récit naïf.	Sa physionomie naïve.

75ᵉ EXERCICE. — Copiez ce qui suit, et, après chaque nom féminin, répétez l'adjectif placé dans la première colonne après le nom masculin.

Un caractère vindicatif.	Une humeur
Le bouillon réchauffé.	La fricassée
Cet ordre positif.	Une défense
Un autel portatif.	Une statue
Le frère complaisant.	La sœur
Le moyen justificatif.	Une explication
Un air imposant.	Une attitude

76ᵉ EXERCICE. — Même devoir qu'à l'exercice précédent.

Un pays fertile.	Une terre
Son camélia fleuri.	Sa hyacinthe
Un voyage instructif.	Une conversation
Un discours éloquent.	Sa parole
Son caractère opiniâtre.	Une volonté
Le meilleur exemple.	La route
Un chandelier massif.	Une croix
Ce domestique fripon.	Cette marchande
Son visage rondelet.	Sa taille
Ce peuple païen.	Cette tribu
Le fait impossible.	La proposition
Un membre engourdi.	La main

77ᵉ EXERCICE. — Copiez les mots suivants et remarquez que les adjectifs terminés au masculin par *eux*, changent *x* en *s* avant de prendre l'*e* final.

Un exercice pieux.	Une lecture pieuse.
Ce froid rigoureux.	Cette saison rigoureuse.
Le lièvre est peureux.	La souris est peureuse.
Un ami généreux.	Une offre généreuse.
Un trajet périlleux.	Une traversée périlleuse.

78ᵉ Exercice. — Copiez les mots suivants, et, après chaque nom féminin, répétez l'adjectif placé dans la première colonne après le nom masculin.

Le ciel orageux.	La journée
Un coup douloureux.	Une opération
Un bâton droit.	Une règle
Le temps pluvieux.	La matinée
Son manteau court.	Sa vue
Un récit vrai.	Une amie
Ce personnage ennuyeux.	Cette visite
Le pont rompu.	La ligne
Un animal monstrueux.	Une bête
Un œillet jaspé.	Une rose

79ᵉ Exercice. — Même devoir qu'à l'exercice précédent.

L'accent grave.	La voix
Un orateur persuasif.	Sa parole
Le péché originel.	La faute
Un lit mollet.	Une couche
Un combat glorieux.	Une lutte
Cet état stable.	Cette position
Un bonnet pareil.	Une mante
Son retour tardif.	Sa pénitence
Le récit antérieur.	La circonstance
Un poisson vivant.	Une anguille
Le prix égal.	L'application
Un repas somptueux.	Une réception
Ce jouet mignon.	Cette chanson
Un trait oblique.	Une ligne
Le terme moyen.	Une taille

80ᵉ Exercice. — Copiez ce qui suit, et remarquez que les adjectifs terminés au masculin en *er*, outre qu'ils font leur

féminin en ajoutant un *e*, comme le demande la règle généralrale, prennent, de plus, un accent grave sur l'*e* qui précède
l'*r* final du masculin.

Le premier pas.	La première communion.
Ce fruit amer.	Cette boisson amère.
Le fait particulier.	La circonstance particulière.
Un peuple étranger.	La nation étrangère.
Mon dernier soupir.	Ma dernière pensée.
Son regard altier.	Sa démarche altière.

81ᵉ EXERCICE. — Copiez ce qui suit, et, après chaque nom
féminin, répétez l'adjectif placé dans la première colonne
après le nom masculin.

Un sentier escarpé.	Une montagne
Ce bâtiment régulier.	Une conduite ·
Un spectacle effrayant.	Une mer
Ce vase rempli.	Cette citerne
Cet étage inférieur.	Cette galerie
Son projet singulier.	Sa mise

82ᵉ EXERCICE. — Même devoir qu'à l'exercice précédent.

Le repos continuel.	La fièvre
Cet emploi grossier.	Cette occupation
Un joli dessin.	Une broderie
Son air poupon.	Sa mine
Un pouvoir absolu.	Une autorité
Un métier lucratif.	Une place
Ce fait miraculeux.	Cette guérison
Un parent cher.	Une famille
Son voyage heureux.	Son arrivée
Un château fortifié.	Une ville

83ᵉ EXERCICE. — Même devoir qu'au précédent exercice.

Un ton décisif.	Sa résolution
Un cœur docile.	Une élève
L'avis essentiel.	La note
Ce marché avantageux.	Cette acquisition
Un sac plein.	Une bourse
Son bonnet pareil.	Sa mante
Son langage expansif.	Une âme
L'étage supérieur.	La partie
Le bonheur éternel.	La joie
Un homme poltron.	Une femme
Son regard fier.	Sa démarche
Le ton bref.	La parole
Le mérite vrai.	La piété
Cet appartement pauvret.	Cette maison
Un ordre formel.	Une volonté
Ce fameux incendie.	Cette catastrophe
Le ciel pur.	L'âme
Un style familier.	Une épître
Le poisson cru.	La viande
Ce poids lourd.	Cette charge
Son port majestueux.	Une entrée
Le frère hospitalier.	La sœur
Le siècle futur.	La vie
Son fils adoptif.	Sa fille
Un fait impossible.	Une circonstance
L'amour divin.	La sagesse

Repassez d'abord tous les exercices précédents, depuis le 63ᵉ exercice inclusivement, et ensuite revoyez en entier ce deuxième chapitre, si même vous ne reprenez pas dès le commencement du livre, ce qui serait encore mieux.

Nota. On peut dès maintenant, et avant même de voir la deuxième partie, ou du moins tout en la revoyant, copier de temps en temps quelques passages de la troisième partie.

SECONDE PARTIE.

CHAPITRE PREMIER.

84° EXERCICE. — Copiez ce qui suit, et remarquez tous les mots imprimés en caractères italiques. Chacun de ces mots dit que quelqu'un est ou fait quelque chose. Ainsi : *mange* dit que Louis mange ; *dort* dit que Pierre dort; *est* (avec *malade*) dit que Marie est malade, et ainsi des autres. Eh bien ! tous ces mots qui disent de quelqu'un qu'il est ou qu'il fait quelque chose, s'appellent des *verbes*.

Louis *mange*. — Pierre *dort*. — Marie *est* malade. — Ma mère *travaille*. — Tes sœurs *désirent*. — Votre cousin *écrit*. — Les rois *gouvernent*. — Son maître *gronde*. — Ma tante *pleure*. — Jacques *appelle*. — Louis *viendra*. — Emile *sera* sage. — Sophie *apprend*. — Mon père *souffre*. — Ma sœur *prie*. — Jules *court*. — Alfred *murmure*. — Le jardinier *bêche*. — Les hommes *meurent*.

85° EXERCICE. — Copiez les mots suivants, et soulignez tous ceux qui sont des verbes, c'est-à-dire qui disent de quelqu'un qu'il est ou qu'il fait quelque chose.

Dieu existe. — Henri accourt. — Mon petit frère saute. — M. le curé prêche. — Mon oncle part. — Ma sœur chante. — Paul pense. — Ernestine brode. — Léon copie. — Louise prie. — Ce malade délire. — Marie protége. — Le malheureux espère. — Le Seigneur bénit. — L'écolier lit. — Charles voyage. — Cet homme nage. — Ma mère sommeille. — Nos amis arrivent. — Le commissionnaire attend. — Ce pauvre demande. — Les enfants jouent.

— Anne savonne. — L'enfant crie. — Amélie marche. — Le médecin visile. — Laurence étudie. — Sa sœur coud. — Jacques galope. — Henri est pieux. — Jeanne lave. — Maurice boulange. — Adèle raccommode. — Pierre pêche. — Jésus est bon. — Jules dessine. — Gabriel salue. — Antoine peint. — André taille. — Joséphine balaye. — Etienne regarde. — Mon père réfléchit.

86ᵉ Exercice. — La personne dont le verbe dit qu'elle est ou qu'elle fait quelque chose, s'appelle *sujet* de ce verbe. Ainsi, dans l'exercice 84, *Louis* est sujet de *mange*, *Pierre* est sujet de *dort*. — Faites deux colonnes, et, dans celle de gauche, mettez tous les sujets des verbes contenus dans le 84ᵉ exercice, puis dans la colonne de droite, écrivez chaque verbe vis-à-vis de son sujet; puis faites le même devoir pour le 85ᵉ exercice.

87ᵉ Exercice. — Remarquez que le sujet d'un verbe n'est pas toujours une personne raisonnable. Ce sujet est quelquefois un animal, par exemple, *le merle* dont on dit qu'il *siffle;* il est même souvent une chose inanimée, par exemple, *une pierre* dont on dit qu'elle *tombe*. Copiez tous les mots ci-dessous, en mettant, comme dans l'exercice précédent, les sujets à gauche et les verbes à droite.

Le merle siffle. — La pierre tombe. — Le poisson nage. — Le chien aboie. — Les oiseaux chantent. — Le soleil brille. — Le vent souffle. — La rivière est débordée. — Le feu réchauffe. — La neige fond. — Le chat guette. — Le lion rugit. — La fleur parfume. — La bougie éclaire. — L'arbre pousse. — La roue tourne. — L'encre tache. — Le couteau coupe. — Le livre instruit. — La gomme efface. — L'oiseau vole. — L'eau nettoie. — Les étoiles sont brillantes. — Le coq chante. — L'agneau bêle. — Le loup hurle. — Le cheval hennit. — Le bœuf mugit. — L'âne brait. — Le chat miaule. — Le pigeon roucoule. — La tourterelle gémit. — L'abeille bourdonne. — Le ruisseau serpente.

88ᵉ Exercice. — Copiez ce qui suit, et remarquez-y que, pour indiquer le sujet d'un verbe, au lieu du nom de ce sujet, on met souvent un autre mot qui veut dire la même chose, et qu'on appelle *pronom*. Ainsi, dans les phrases suivantes le mot *je* n'est pas mon nom, mais il en tient la place, et, en entendant ce mot, on comprend bien que c'est de moi que je parle, quand je dis : *Je tricote*. De même, *tu* n'est pas ton nom, mais il sert cependant à te nommer, comme s'il était ton nom propre, et il dit que c'est toi qui *files*, et non pas un autre. *Il* et *elle* ne sont pas non plus les noms de *Louis* et de *Marie*, mais en entendant : *Il crie, elle pleure*, on comprend sans peine que c'est de Louis qu'on dit qu'il crie, de Marie qu'on dit qu'elle pleure. Il en est ainsi de *nous, vous, ils, elles*. Donc, *je, tu, il, elle*, sont des pronoms, ainsi que *nous, vous, ils, elles* : les premiers tiennent la place de noms singuliers, et les seconds, la place de noms pluriels.

> *Je* tricote.
> *Tu* files.
> Louis tremble ; *il* crie.
> Marie souffre ; *elle* pleure.
> *Nous* demandons.
> *Vous* désirez.
> Les ouvriers travaillent ; *ils* suent.
> Les feuilles jaunissent ; *elles* tombent.

89° EXERCICE. — Copiez les phrases suivantes, et soulignez tous les pronoms ; puis, à la suite de *il, elle, ils, elles*, mettez entre parenthèses le nom dont chacun de ces pronoms tient la place.

Je veux. — Tu cherches. — Le tonnerre menace ; il retentit. — La pluie tombe ; elle ruisselle. — Nous irons. — Vous viendrez. — Les soldats marchent ; ils attaquent. — Les canes mangent ; elles barbotent. — Tu ris. — Je soupire. — Jeanne lave ; elle essuiera. — Cet oiseau mange ; il vivra. — Vous raccommodez. — Les agneaux bêlent ; ils bondissent. — Nous regrettons. — Les Anges adorent; ils aiment. — Vous prierez. — Les fleurs éclosent; elles parfument. — Marie étudie; elle apprendra. — J'obéis. — Tu parles. — La neige tombe; elle fond. — Les poires mûrissent; elles tombent. — La lune paraît; elle éclaire. — La rivière grossit; elle déborde. — Alfred court; il tombera. — Ma mère aime; elle veille. — Le maître gronde; il punira.

90e Exercice. — Copiez tout ce qui suit, et remarquez 1° qu'au singulier comme au pluriel, le sujet qui parle de lui-même, s'appelle la 1re personne, exemple : *je* lis, *nous* lisons; celui à qui l'on parle, s'appelle la 2e personne; exemple : *tu* lis, *vous* lisez; enfin, celui de qui l'on parle, s'appelle la 3e personne, exemple : *Pierre* lit, *mes sœurs* lisent. Remarquez 2° que, quand même le sujet dont on parle n'est pas une personne raisonnable, on l'appelle tout de même une 3e personne, exemple : *la pluie* tombe, *les fruits* tombent.

Singulier.

1re personne,		Je lis,
2e	»	tu lis,
3e	»	Pierre lit.

Pluriel.

1re personne,		Nous lisons,
2e	»	vous lisez,
3e	»	mes sœurs lisent.

Singulier.

1re personne,		Je tombe,
2e	»	tu tombes,
3e	»	la pluie tombe.

Pluriel.

1re personne,		Nous tombons,
2e	»	vous tombez,
3e	»	les fruits tombent.

91e EXERCICE. — Copiez tous ces verbes, et, après chacun d'eux, mettez le chiffre 1, ou 2, ou 3, suivant que ce verbe est de la 1re, ou de la 2e, ou de la 3e personne.

Singulier.	*Singulier.*	*Singulier.*
Je chantais,	Je serai,	J'aimerais,
tu chantais,	tu seras,	tu aimerais,
l'oiseau chantait.	le temps sera.	Louis aimerait.
Pluriel.	**Pluriel.**	**Pluriel.**
Nous chantions,	Nous serons,	Nous aimerions,
vous chantiez,	vous serez,	vous aimeriez,
mes frères chantaient.	ils seront.	elles aimeraient.

Singulier.	*Singulier.*	*Singulier.*
Je voulus,	J'avais,	Je trouvai,
tu voulus,	tu avais,	tu trouvas,
mon père voulut.	Anne avait.	Emile trouva.
Pluriel.	**Pluriel.**	**Pluriel.**
Nous voulûmes,	Nous avions,	Nous trouvâmes,
vous voulûtes,	vous aviez,	vous trouvâtes,
les généraux voulurent	ils avaient.	les gardiens trouvèrent.

92e EXERCICE. — Copiez tous ces verbes, non pas tels qu'ils sont rangés, mais en les mettant dans l'ordre des deux exercices précédents ; c'est-à-dire ceux de la 1re personne les premiers, ceux de la 2e, les seconds, et ceux de la 3e, les troisièmes.

Singulier.	*Singulier.*	*Singulier.*
je crois.	Tu es,	Jean veut,
Rose croit,	je suis,	tu veux,
Tu crois.	il est.	je veux.

Pluriel.	*Pluriel.*	*Pluriel.*
Nous croyons,	Vous êtes,	Ils veulent,
elles croient,	nous sommes,	vous voulez,
vous croyez.	elles sont.	nous voulons,

Singulier.	*Singulier.*	*Singulier.*
Le vent souffle,	J'aurai,	Tu prétends,
je souffle,	Pierre aura,	elle prétend,
tu souffles.	tu auras.	je prétends.

Pluriel.	*Pluriel.*	*Pluriel.*
Ils soufflent,	Ils auront,	Nous prétendons,
vous soufflez,	vous aurez,	ils prétendent,
nous soufflons.	nous aurons.	vous prétendez.

93ᵉ Exercice. — Copiez tous ces verbes, mais en y rétablissant l'ordre qui existe au 90ᵉ et au 94ᵉ exercice, c'est-à-dire en écrivant d'abord les personnes du singulier, puis, les personnes du pluriel, en mettant les personnes elles-mêmes dans l'ordre ordinaire, comme vous l'avez fait à l'exercice 92ᵉ.

J'écrivais,	Je fus,	Tu dirais,
nous écrivions,	nous fûmes,	vous diriez,
tu écrivais,	elle fut,	je dirais,
vous écriviez,	ils furent,	nous dirions,
Julie écrivait,	tu fus,	Jean dirait,
elles écrivaient.	vous fûtes.	elles diraient.

Le feu prit,	J'eus,	Vous passez,
tu pris,	vous eûtes,	ces fleurs passent,
nous prîmes,	nous eûmes,	le temps passe,
je pris,	ils eurent,	nous passons,
vous prîtes,	Paul eut,	tu passes,
ils prirent.	tu eus.	je passe.

94ᵉ Exercice. — Faites trois colonnes, et en tête de celle de gauche, écrivez : 1ʳᵉ *personne ;* en tête de celle du milieu :

2e *personne*, enfin, en tête de celle de droite : 3e *personne*.
Puis, placez tous les verbes des phrases suivantes, chacun
avec son sujet, dans la colonne qui lui convient.

Aujourd'hui je *réciterai* le chapelet. — Demain nous *commen-
cerons* une neuvaine. — Tu *parles* trop. — Le chien *poursuit* le
lièvre. — Vous *deviendriez* savantes si vous *employiez* bien votre
temps. — Les vents *ébranlent* les maisons; ils *enlèvent* les tuiles
des toitures. — les cieux *racontent* la gloire de Dieu. — Je *souhaite*
une bonne année à mes chers parents. — Marguerite *amène* ses
vaches au champ. — Le bon Dieu *bénira* vos efforts. — Vous *ou-
blierez* bientôt ce que vous *apprenez* aujourd'hui. — La neige
tombe par gros flocons; elle *couvre* toute la terre. — L'automne
approche; les feuilles *jaunissent*. — Marie *aime* les enfants obéis-
sants. — Je *puise* de l'eau à la fontaine. — Vous *allâtes* trop loin
hier. — Ces enfants *murmurent*; Dieu *sera* mécontent. — Nous
aimons Dieu de tout notre cœur. — Le vent *souffle*, le tonnerre
gronde, les éclairs *sillonnent* les nues, la tempête *approche*. —
Nous *confierons* nos intérêts à notre puissante protectrice. — Si
nous *vivons* chrétiennement nous *serons* pleins de confiance quand
la mort *viendra*. — Le Ciel *renferme* des joies infinies.

95e **Exercice.** — Cherchez tous les verbes contenus dans
les phrases suivantes, et écrivez-les en trois colonnes, comme
vous l'avez fait à l'exercice précédent.

Dieu récompense les bonnes œuvres. — Nos maîtresses soignent
les pauvres; elles prieront pour nous. — Vous répondrez à leur
sollicitude. — J'écrirai demain à ma sœur. — Tu laveras ce linge ce
soir. — Amélie, tu souhaiteras une bonne fête à ton amie, tu prieras
Dieu pour elle. — Le chat attrape la souris; il sera content. — Nos
bœufs labourent ce champ; ils finiront aujourd'hui. — Nous ense-
mencerons demain. — Mes sœurs arrivent; elles se réjouissent de
votre rétablissement. — Cet accident frappe cruellement cette famille;
il détruit toutes ses espérances. — Mes frères étudient beaucoup;
ils passeront leur examen à la fin du mois. — Si nous partons
aujourd'hui, nous coucherons cette nuit à Paris, et nous arriverons
demain matin à Lille. — Marie et Joseph allèrent à Bethléem. — Moïse

délivra son peuple; il conduisit ses frères dans le désert. — Ces pauvres meurent de faim; ils demandent un morceau de pain.

96ᵉ Exercice. — Même devoir qu'à l'exercice précédent; mais de plus, après chaque verbe, mettez *s* ou *p* pour indiquer s'il est au singulier ou au pluriel.

Je bénis Dieu sans cesse. — Cette mère aime ses enfants. — Si tu pries avec ferveur, tu obtiendras sûrement ce que tu demandes. — Ce souvenir restera à jamais dans mon cœur. — Dès que nous sûmes son retour, nous allâmes à sa rencontre. — L'orage interrompit notre entretien. — La mort frappe tous les hommes; elle tombe indifféremment sur le pauvre et sur le riche. — Le Ciel est notre vraie patrie; là, nous jouirons d'un bonheur parfait, nous goûterons une paix ineffable, nous aimerons Dieu de plus en plus, nous verrons sans cesse Jésus et Marie. — Mes frères voyagèrent toute la nuit, ils prirent le chemin de fer à Orléans, et arrivèrent le jeudi à Lyon. — Les chenilles dévorent nos charmilles; elles font un grand dégât dans nos jardins. — Les Mages reconnurent l'enfant Jésus; ils adorèrent ce Dieu sauveur.— Vous porterez ces vêtements à ces pauvres. — J'achetterais des couvertures si j'avais de l'argent. — Les saules croissent au bord des eaux. — Ces enfants méritent une récompense; elles édifient toutes leurs compagnes. — Les Apôtres convertirent le monde. — Saint Louis de Gonzague aima Dieu dès son enfance, il quitta tout pour son amour — Dieu remplit son âme des plus douces joies. — Ces fleurs parfument cet appartement; elles feront une belle guirlande pour l'autel de notre Mère. — Ces wagons passent rapidement. — La chaleur dessèche nos coteaux; si elle continue, elle détruira nos récoltes. — Jules, tu es un petit lutin; tu brises tous tes jouets. — Je porterai la cruche à la cuisine. — L'eau bout depuis longtemps. — Cet ouvrier étame nos casseroles. — Tu souhaiteras la bonne année à tes parents. — Vous étudierez ces leçons.

Avant d'aller plus loin, revoyez tous les exercices depuis le 84ᵉ

97° EXERCICE. — Copiez les phrases suivantes, et remarquez que le mot *qui*, dans les phrases de droite, désigne le même sujet que les pronoms *il, elle, ils, elles*, dans les phrases de gauche. Il est donc aussi un pronom, puisqu'il tient la place de *Pierre*, dans la 1re phrase, de *pluie* dans la 2°, de *chien* dans la 3°, de *ces enfants* dans la 4°, de *sœurs* dans la 5° et de *arbre* dans la 6°.

Je vois Pierre; *il* vient.	Je vois Pierre *qui* vient.
J'entends la pluie; *elle* tombe.	J'entends la pluie *qui* tombe.
Vous craignez le chien; *il* aboie.	Vous craignez le chien *qui* aboie.
J'aime ces enfants; *ils* travaillent.	J'aime ces enfants *qui* travaillent.
Julie console ses sœurs; *elles* pleurent.	Julie console ses sœurs *qui* pleurent.
Soutenez cet arbre; *il* penche.	Soutenez cet arbre *qui* penche.

98° EXERCICE. — Copiez les phrases suivantes, et, après le pronom *qui*, mettez entre parenthèses le nom dont ce pronom tient la place.

Je méprise l'homme *qui ment*. — Vous tenez une conduite *qui* nous *déplaît*.—Jacques a pris une carpe *qui pèse* deux kilogrammes. — Voici un cahier *qui coûte* cinquante centimes. — Ce fut Joseph *qui préserva* l'Égypte de la famine. — On donnera une récompense aux élèves *qui feront* le mieux cet ouvrage. — J'ai vu la personne *qui sortait* de chez vous. — Jésus promet le Ciel aux hommes *qui portent* leur croix, et *qui marchent* à sa suite. — C'est Sophie *qui remportera* le prix de sagesse. — La voiture *qui part* ce soir arrivera à minuit. — Les oiseaux *qui volent* dans les airs, les poissons *qui nagent* dans les eaux, les animaux *qui vivent* sur la terre, et les Anges *qui louent* Dieu dans le Ciel ont été créés par sa puissance.

99° EXERCICE. — Copiez les phrases suivantes, et à la suite des pronoms *il, elle, ils, elles* ou *qui*, mettez entre parenthèses les noms dont ils tiennent la place.

Nous devons sans cesse remercier Dieu, parce que, sans cesse, il répand sur nous de nouvelles grâces. — L'homme qui a le cœur pur, verra Dieu.—La joie qui brille sur vos fronts rend vos Maîtresses heureuses; elles voudraient ne vous voir jamais aucune peine. — Ce cheval est rétif; il causera quelque accident. — Ces enfants sont bien charitables : elles consacrent leur récréation à travailler pour les pauvres. — Votre œil est rouge; il doit vous faire mal.— L'homme qui sait se contenter de peu est toujours heureux. — Mes sœurs portent ce paquet au roulage, elles payeront le port. — Marianne fera la cuisine, et elle lavera la vaisselle. — Les Congréganistes qui portaient les bannières l'année dernière, porteront demain la statue de la Sainte Vierge. — L'armée française fit des prodiges de valeur; elle montra au siége de Sébastopol un courage héroïque.— Les Apôtres étaient de pauvres pêcheurs, et néanmoins ils convertirent le monde, c'est qu'ils travaillaient pour Dieu.

100ᵉ **Exercice.** — Après avoir copié les phrases suivantes, faites deux colonnes, et écrivez à gauche tous les sujets, à droite tous les verbes chacun vis-à-vis de son sujet. Puis, quand le sujet est un pronom de la 3ᵉ personne, ajoutez à la suite, entre parenthèses, le nom dont ce pronom tient la place. Enfin, après chaque verbe, indiquez par 1, 2 ou 3 s'il est de la 1ʳᵉ, de la 2ᵉ ou de la 3ᵉ personne; puis, par *s* ou *p*, s'il est au singulier ou au pluriel. Ainsi, après : *cette histoire est,* vous mettrez, à la suite de *est : 3. s.,* pour dire que ce verbe est de la 3ᵉ personne du singulier.

Cette histoire est celle de Joseph; elle intéresse tous les enfants. — Vous envoyâtes des secours à ces pauvres prisonniers, mais les gardiens refusèrent à nos sœurs la permission de les voir. — Ces voyageurs remirent cette bourse pour les inondés, ils refusèrent de dire leur nom. — Cette soie est mauvaise; elle coûte trop cher. — —Vous porterez cette anguille à votre tante; elle l'attend depuis ce matin. — Jules agit fort mal; il payera tôt ou tard son entêtement. Pierre pleura son péché; il obtint son pardon. — Jacques, tu porteras à boire aux ouvriers qui travaillent dans la vallée. — La Providence divine pourvoit à tous nos besoins; elle veille sur nous comme une bonne mère. — Mes cousines désirent vivement ces images. —Julie, quand tu réciteras ta leçon, tu resteras debout.

— Les administrateurs accepteront sans difficulté ces propositions, elles sont trop avantageuses pour qu'ils les refusent. — Le jardinier cueillera ce soir les abricots qui sont mûrs, et nous, nous ramasserons les poires qui seront à terre. — Antoinette aime les pauvres ; elle soulage leur misère de tout son pouvoir. — Ce travail vous procurera plus tard de grandes jouissances.

101ᵉ EXERCICE. — Copiez les phrases suivantes, et remarquez que le sujet est quelquefois séparé de son verbe par plusieurs mots.

Je cherchais mon aiguille ; *je* la *vois*. — *Tu* me *fais* plaisir. — *Marie* lui *enverra* du secours. — *Je* vous *remercie* des nouvelles que *vous* me *donnez* ; *je* les *trouve* bien consolantes. — *Je* vous *porterai* demain les livres que *vous* me *demandez*. — *Maurice* vous *conduira* sûrement. — Ma chère maman, *je* vous *souhaite* une bonne année. — Chère amie, *tu* nous *envoies* de bien jolies étrennes. — *Ces leçons* me *sont* utiles ; *je* les *étudie* avec goût. — Ces fleurs sont charmantes, *Louise* les *offre* à sa mère. — Nous partagerons toujours vos peines, quand *vous* nous les *confierez*. — *Je* te *remercie* des bons conseils que *tu* me *donnes*, je me les *rappelle* toujours avec bonheur. — *La joie*, fruit de la vertu, *surpasse* de beaucoup celle que *les hommes*, par mille travaux et mille sacrifices, *cherchent* dans les faux biens du monde. — *Cet or* qui charme tant *n'est* qu'un peu de terre. — *Les aumônes* que nous versons dans le sein des pauvres, *deviennent* pour nous une source de vraies richesses. — *Le bouquet* que vous avez reçu hier *est* bien joli. — *Les propositions* qu'on vient de nous faire, *sont* avantageuses ; *nous* les *acceptons*. — *Ces fruits* ne *sont* pas mûrs ; *mes frères* les *cueillent* trop tôt. — *Ces pauvres enfants* que vous avez secourus hier, *viennent* d'être admis dans un bon atelier.

102ᵉ EXERCICE. — Même devoir qu'au 100ᵉ exercice.

Ces champs appartiennent au fermier ; il les cultive avec soin. — Chers parents, je vous envoie mon premier ouvrage. — Julie nous demande des robes neuves. — Cette dame, si vous le voulez, vous procurera des livres instructifs. — Ces chandeliers dorés ornent

bien notre jolie chapelle. — Mes frères, je crois, seront de retour
aujourd'hui, ils nous apportent deux jolis tableaux. — Ces beaux
arbres nous donnent des fruits excellents. — Nos faibles efforts
nous méritent cependant des récompenses éternelles. — Nos
compagnes partent demain; elles nous quittent pour longtemps. —
Ces roses si fraîches forment une charmante guirlande. — Les
ouvriers que nous employons, construiront parfaitement ce bâtiment.
— Mon frère nous annonce d'heureuses nouvelles. — Ces couleurs
que vous trouvez si brillantes, pâliront dès les premières ardeurs
du soleil. — Ces graines, que vous voyez, renferment le germe de
plantes futures. — Ces belles forêts nous fournissent bien des sujets
d'une vive reconnaissance envers le bon Dieu. — Paul, tu me
donnes une occupation continuelle. — Je finirai cet ouvrage quand
tu me le demanderas. — Jamais nous n'aimerons N. S. comme il
nous aime. — Les fruits cueillis dans ce temps humide pourriront
promptement. — Les roses que vous envoyez à vos sœurs sont d'une
espèce fort rare. — Je récompenserai les élèves qui travailleront
bien. — Les exemples que vous recevez de vos compagnes pro-
duiront sur vous des impressions favorables.

Avant de passer au chapitre second, revoyez tout le chapitre premier.

CHAPITRE SECOND.

103ᵉ Exercice. — Copiez en entier le verbe *conduire.*

CONDUIRE.	VOIR.	CUEILLIR.	CHANTER.
Aujourd'hui,	*Aujourd'hui,*	*Aujourd'hui,*	*Aujourd'hui,*
Je conduis,	Je vois,	Je cueille,	Je chante,
tu conduis,	tu vois,	tu cueilles,	tu chantes,
il conduit,	il voit,	elle cueille,	il chante,

nous condui - sons,	nous voyons,	nous cueillons,	nous chantons,
vous conduisez,	vous voyez,	vous cueillez,	vous chantez,
ils conduisent.	ils voient.	ils cueillent.	elles chantent.
Hier,	*Hier,*	*Hier,*	*Hier,*
Je conduisis,	Je vis,	Je cueillis,	Je chantai,
tu conduisis,	tu vis,	tu cueillis,	tu chantas,
elle conduisit,	elle vit,	il cueillit,	elle chanta,
nous condui - sîmes,	nous vîmes,	nous cueilli - mes,	nous chantâ - mes,
vous condui - sîtes,	vous vîtes,	vous cueillîtes,	vous chantâtes,
ils conduisirent.	elles virent.	ils cueillirent.	ils chantèrent.
Je conduisais,	Je voyais,	Je cueillais,	Je chantais,
tu conduisais,	tu voyais,	tu cueillais,	tu chantais,
il conduisait,	il voyait,	il cueillait,	il chantait,
nous condui - sions,	nous voyions,	nous cueillions,	nous chantions,
vous condui - siez,	vous voyiez,	vous cueilliez,	vous chantiez,
ils conduisaient.	ils voyaient.	elles cueillaient.	ils chantaient.
Demain,	*Demain,*	*Demain,*	*Demain,*
Je conduirai,	Je verrai,	Je cueillerai,	Je chanterai,
tu conduiras,	tu verras,	tu cueilleras,	tu chanteras,
elle conduira,	elle verra,	il cueillera,	il chantera,
nous condui - rons,	nous verrons,	nous cueille - rons,	nous chante - rons,
vous conduirez,	vous verrez,	vous cueillerez,	vous chanterez,
ils conduiront.	ils verront.	ils cueilleront.	ils chanteront.
S'il était pos- sible,	*S'il était pos- sible.*	*S'il était pos- sible,*	*S'il était pos- sible,*
Je conduirais,	Je verrais,	Je cueillerais,	Je chanterais,
tu conduirais,	tu verrais,	tu cueillerais,	tu chanterais,
elle conduirait,	il verrait,	elle cueillerait,	il chanterait,
nous condui - rions,	nous verrions,	nous cueille - rions,	nous chante - rions,

vous condui-riez,	vous verriez,	vous cueille-riez,	vous chante-riez,
ils conduiraient.	ils verraient.	ils cueilleraient.	ils chanteraient.

On veut	*On veut*	*On veut*	*On veut*
Que je conduise	Que je voie,	Que je cueille,	Que je chante,
que tu con-duises,	que tu voies,	que tu cueilles,	que tu chantes,
qu'elle con-duise,	qu'il voie,	qu'elle cueille,	qu'il chante,
que nous con-duisions,	que nous vo-yions,	que nous cueil-lions,	que nous chan-tions,
que vous con-duisiez,	que vous voyiez	que vous cueil-liez,	que vous chan-tiez,
qu'ils condui-sent.	qu'elles voient.	qu'ils cueillent.	qu'ils chantent.

On voudrait	*On voudrait*	*On voudrait*	*On voudrait*
Que je condui-sisse,	Que je visse,	Que je cueil-lisse,	Que je chan-tasse,
que tu condui-sisses,	que tu visses,	que tu cueil-lisses,	que tu chan-tasses,
qu'il conduisît,	qu'elle vît,	qu'elle cueillît,	qu'il chantât,
que nous con-duisissions,	que nous vis-sions,	que nous cueil-lissions,	que nous chan-tassions,
que vous con-duisissiez,	que vous vis-siez,	que vous cueil-lissiez,	que vous chan-tassiez,
qu'ils condui-sissent.	qu'elles vissent.	qu'ils cueillis-sent.	qu'ils chantas-sent.

104ᵉ EXERCICE. — Copiez le verbe *rendre*, comme vous avez copié le verbe *conduire*, dans l'exercice précédent, en ajoutant, sur le modèle de *conduire*, les personnes qui manquent au verbe *rendre*.

RENDRE.	POUVOIR.	AGIR.	PRIER.
Aujourd'hui,	*Aujourd'hui,*	*Aujourd'hui,*	*Aujourd'hui,*
Je rends,	Je peux,	J'agis,	Je prie,
tu rends,	tu peux,	tu	tu

3*

il rend,	il peut,	elle	il
nous rendons,	nous pouvons,	nous agissous,	nous prions,
vous	vous	vous	vous
elles	ils peuvent.	ils	elles

Hier,	*Hier,*	*Hier,*	*Hier,*
Je rendis,	Je pus,	J'agis,	Je priai,
tu	tu	tu	tu
il	il	elle	il
nous rendîmes,	nous pûmes,	nous agîmes,	nous priâmes,
vous	vous	vous	vous
ils	elles	ils	elles

Je rendais,	Je pouvais,	J'agissais,	Je priais,
tu	tu	tu	tu
il	elle	il	il
nous rendions,	nous pouvions,	nous agissions,	nous priions,
vous	vous	vous	vous
elles	elles.	ils	elles

Demain,	*Demain,*	*Demain,*	*Demain,*
Je rendrai,	Je pourrai,	J'agirai,	Je prierai,
tu	tu	tu	tu
il	il	elle	il
nous rendrons,	nous pourrons,	nous agirons,	nous prierons,
vous	vous	vous	vous
ils	ils	elles	elles

S'il était pos-sible.	*S'il était pos-sible,*	*S'il était pos-sible,*	*S'il était pos-sible,*
Je rendrais,	Je pourrais.	J'agirais,	Je prierais,
tu	tu	tu	tu
il	il	elle	elle
nous rendrions,	nous pourrions,	nous agirions,	nous prierions,
vous	vous	vous	vous
ils	ils	elles	ils

On veut	*On veut*	*On veut*	*On veut*
Que je rende,	Que je puisse,	Que j'agisse,	Que je prie,

que tu	que tu	que tu	que tu
qu'il	qu'elle	qu'elle	qu'il
que nous ren- dions,	que nous puis- sions,	que nous agis- sions,	que nous pri- ions,
que vous	que vous	que vous	que vous
qu'ils	qu'ils	qu'ils	qu'ils
On voudrait	*On voudrait*	*On voudrait*	*On voudrait*
Que je rendisse	Que je pusse,	Que j'agisse	Que je priasse,
que tu	que tu	que tu	que tu
qu'elle	qu'elle	qu'elle	qu'il
que nous ren- dissions,	que nous pus- sions,	que nous agis- sions,	que nous prias- sions,
que vous	que vous	que vous	que vous
qu'ils	qu'elles	qu'elles	qu'ils

105ᵉ Exercice. — Copiez le verbe *mettre*, comme vous avez copié le verbe *rendre*, dans l'exercice précédent, en ajoutant les 2ᵉ et les 3ᵉ personnes où elles manquent.

METTRE.	RECEVOIR.	TENIR.	BALAYER.
Aujourd'hui,	*Aujourd'hui,*	*Aujourd'hui,*	*Aujourd'hui,*
Je mets,	Je reçois,	Je tiens,	Je balaye,
nous mettons.	nous recevons,	nous tenons,	nous balayons,
	ils reçoivent.	ils tiennent.	elles balayent.
Hier,	*Hier,*	*Hier,*	*Hier,*
Je mis,	Je reçus,	Je tins,	Je balayai,
nous mîmes.	nous reçûmes.	nous tînmes.	nous balayâmes
Je mettais,	Je recevais,	Je tenais,	Je balayais,
nous mettions.	nous recevions.	nous tenions.	nous balayions.
Demain,	*Demain,*	*Demain,*	*Demain,*
Je mettrai,	Je recevrai,	Je tiendrai,	Je balayerai,
nous mettrons.	nous recevrons.	nous tiendrons.	nous balayerons
S'il était pos- sible,	*S'il était pos- sible,*	*S'il était pos- sible,*	*S'il était pos- sible,*
Je mettrais,	Je recevrais,	Je tiendrais,	Je balayerais,
nous mettrions.	nous recevrions	nous tiendrions	nous balaye- rions.

On veut	*On veut*	*On veut*	*On veut*
Que je mette, que nous met-tions.	Que je reçoive, que nous rece-vions, qu'ils reçoivent	Que je tienne, que nous te-nions, qu'ils tiennent.	Que je balaye, que nous ba-layions.
On voudrait	*On voudrait*	*On voudrait*	*On voudrait*
Que je misse, que nous mis-sions.	Que je reçusse, que nous reçus-sions.	Que je tinsse, que nous tins-sions.	Que je balayas-se, que nous ba-layassions.

106e Exercice. — Sur le modèle de *conduire* (103), écrivez en entier d'abord le verbe *construire*, puis le verbe *produire*, et enfin le verbe *instruire*.

Sur le modèle de *rendre* (104), écrivez en entier le verbe *comprendre*, puis le verbe *descendre*, et enfin le verbe *vendre*.

Sur le modèle de *mettre* (105), écrivez en entier le verbe *promettre*, puis le verbe *permettre*, et enfin le verbe *soumettre*.

107e Exercice. — Copiez en entier le verbe *voir* (103), comme vous avez copié le verbe *conduire*.

108e Exercice. — Copiez le verbe *pouvoir* (104), comme vous venez de copier le verbe *voir*, en ajoutant, sur le mo-dèle de ce dernier verbe, les personnes qui manquent au verbe *pouvoir*.

109e Exercice. — Copiez le verbe *recevoir*, (105), comme vous avez copié le verbe *voir*, et ajoutez les personnes qui manquent au verbe *recevoir*.

110e Exercice. — Sur le modèle de *voir* (103), écrivez d'abord le verbe *prévoir*, et enfin le verbe *revoir*.

Sur le modèle de *pouvoir* (104) écrivez en entier le verbe *vouloir*.

Sur le modèle de *recevoir* (105), écrivez en entier le verbe *concevoir*, puis le verbe *apercevoir*.

111ᵉ EXERCICE. — Copiez en entier le verbe *cueillir* (103).

112ᵉ EXERCICE. — Copiez le verbe *agir* (104), comme vous venez de copier le verbe *cueillir*, en ajoutant les personnes qui manquent au verbe *agir*.

113ᵉ EXERCICE. — Copiez le verbe *tenir* (105), comme vous avez copié le verbe *cueillir*, en ajoutant les personnes qui manquent au verbe *tenir*.

114ᵉ EXERCICE. — Sur le modèle de *cueillir* (103), écrivez d'abord le verbe *ouvrir*, puis le verbe *souffrir*, et enfin le verbe *couvrir*.

Sur le modèle d'*agir* (104), écrivez en entier le verbe *nourrir*, puis le verbe *punir*, et enfin le verbe *réussir*.

Sur le modèle de *tenir* (105), écrivez en entier le verbe *venir*, puis le verbe *soutenir*, et enfin le verbe *obtenir*.

115ᵉ EXERCICE. — Copiez en entier le verbe *chanter* (103).

116ᵉ EXERCICE. — Copiez le verbe *prier* (104), comme vous avez copié les autres verbes du même exercice.

117ᵉ EXERCICE. — Copiez de même le verbe *balayer* (105).

118ᵉ EXERCICE. — Sur le modèle de *chanter* (103), écrivez d'abord le verbe *parler*, puis le verbe *marcher*, et enfin le verbe *compter*.

Sur le modèle de *prier* (104), écrivez en entier le verbe *oublier*, puis le verbe *continuer*, et enfin le verbe *remercier*.

Sur le modèle de *balayer* (105), écrivez en entier le verbe *essayer*, puis le verbe *rayer*, et enfin le verbe *effrayer*.

119e Exercice. — Après avoir copié ce qui suit, faites trois colonnes, et commencez par écrire dans celle de gauche tous les verbes qui sont ici à la 1re personne ; puis, dans la colonne du milieu, mettez ces mêmes verbes à la 2e personne, et enfin, dans la colonne de droite, répétez-les à la 3e personne. — A la suite, écrivez dans la colonne du milieu, tous les verbes qui sont ici à la 2e personne, et répétez ces mêmes verbes à la 1re personne dans la colonne de gauche, et à la 3e dans la colonne de droite. — Enfin, toujours à la suite, écrivez dans la colonne de droite, tous les verbes qui sont à la 3e personne et répétez-les à la 1re personne et à la 2e dans les colonnes précédentes.

Je cherche,	tu parles,	il espère.
Je lis,	tu choisis,	il obéit.
Je souffre,	tu étudies,	il prend.
Je pleure,	tu pars,	il exerce.
Je crois,	tu bois,	il travaille.
Je viens,	tu pardonnes,	il console.
Nous préparons,	vous exceptez,	ils sortent.
Nous réfléchissons,	vous étudiez,	ils gagnent.
Nous négligeons,	vous mangez,	ils nagent.
Nous terminons,	vous écrivez,	ils perdent.
Nous fabriquons,	vous polissez,	ils traduisent.
Nous couvrons,	vous dormez,	ils sèment.

120e Exercice. — Copiez trois fois les phrases suivantes : la première fois, en mettant tous les verbes qui sont en italique, et par conséquent aussi leurs sujets, à la 1re personne ; la 2e fois, en les mettant à la 2e personne, et la 3e fois, en les mettant à la 3e personne ; mais laissez partout le singulier ou le pluriel comme il s'y trouve.

Je *cherche* un livre. — Tu *demandes* du secours. — Il *tremble* de tomber. — Nous *voulons* partir. — Vous *désirez* rester. — Ils *craignent* la pluie. — Je *prie* Dieu. — Tu *oublies* le devoir. — Il *promet* sans tenir jamais. — Nous *partons* pour Lorette. — Vous *travaillez* en vain. — Ils *étudient* avec ardeur. — Vous *apprenez* difficilement. — Elles *remercient* sans cesse la divine Providence. — Nous *souhaitons* une heureuse année à nos bonnes amies. — Il *court* à perdre haleine. — Je *porte* un vif intérêt à cette enfant. — Tu *agis* sans réflexion. — Nous *gagnons* beaucoup quand nous *souffrons* en union avec l'adorable Jésus.

121ᵉ Exercice. — Même devoir qu'au 119ᵉ exercice.

Je parlai,	tu allas,	elle remercia,
Je craignis,	tu bus,	elle prépara.
Je fis,	tu désiras,	il bêcha.
Je pris,	tu voulus,	il interrompit.
Je fréquentai,	tu agréas,	il paya.
J'envoyai,	tu aimas,	elle sourit.
Nous désespérâmes,	vous supportâtes,	ils contribuèrent.
Nous convînmes,	vous vendîtes,	ils allèrent.
Nous consultâmes,	vous bûtes,	ils feignirent.
Nous descendîmes,	vous vîtes,	ils comparurent.
Nous voyageâmes,	vous changeâtes,	ils jugèrent.
Nous mangeâmes,	vous voulûtes,	ils résolurent.

122ᵉ Exercice. — Même devoir qu'au 120ᵉ exercice.

Hier je *donnai* du pain à un pauvre. — La semaine dernière tu *trouvas* un sou dans la cour, mais tu *perdis* un étui dans le buisson. — Elles *répondirent* mal à tant d'attentions. — Vous *portâtes* trop loin les reproches que vous *adressâtes*. — Nous *cherchâmes* inutilement un remède à ce mal. — Il *reçut* de grands éloges des supérieurs. — Tu *arrivas* trop tard pour la voir. — Elle *envoya* chercher le médecin. — Tu *promis* d'être plus studieuse ; nous *comptâmes* sur cette promesse. — J'*occupai* pendant six mois cet appartement, l'année dernière. — Vous *prîtes* trop chaudement cette affaire.

123ᵉ Exercice. — Même devoir qu'au 119ᵉ exercice.

Je visitais,	tu abusais,	il bégayait.
Je demandais,	tu complotais,	elle refusait.
Je dirigeais,	tu négligeais,	il labourait.

Je craignais,	tu paraissais,	il nageait.
J'offrais,	tu présageais,	il naviguait.
Je prenais,	tu finissais,	il courait.
Nous pleurions,	vous barbouilliez,	ils pratiquaient.
Nous riions,	vous pliiez,	elles décousaient.
Nous savions,	vous prétendiez,	ils apparaissaient.
Nous devions,	vous jeûniez,	ils jouaient.
Nous disions,	vous rêviez,	ils grondaient.
Nous mourions,	vous consultiez,	ils confondaient.

124ᵉ Exercice. — Même devoir qu'au 120ᵉ exercice.

Nous *pleurions* et nous *chantions* en même temps. — Nous *descendions* de charrette, au moment où le tonnerre grondait avec le plus de force. — Déjà *j'oubliais* les conseils qu'on nous donna l'autre jour. — Je *communiquais* ce projet à la Maîtresse, pendant que les domestiques faisaient les préparatifs du voyage. — Vous ne *saviez* pas que le commissionnaire attendait. — Tu *allais* partir quand nos sœurs entrèrent. — Nous *cueillions* les fruits pendant qu'on préparait le souper. — Ils *fauchaient* et ils *fanaient*.

125ᵉ Exercice. — Même devoir qu'au 119ᵉ exercice.

Je récompenserai,	tu publieras,	elle travaillera.
Je saluerai,	tu sauras,	elle ourlera.
Je sacrifierai,	tu jouiras,	il éteindra.
J'exigerai,	tu étudieras,	il secondera.
Je déploierai,	tu supporteras,	il conduira.
Je vaincrai,	tu conviendras,	il ressuscitera.
Nous ennuierons,	vous tremblerez,	ils fléchiront.
Nous conjurerons,	vous renverrez,	ils amolliront.
Nous obtiendrons,	vous résisterez,	elles serviront.
Nous emploierons,	vous chérirez,	elles respecteront.
Nous agréerons,	vous gèlerez,	ils obéiront.
Nous écrirons,	vous enjoindrez.	ils avoueront.

126ᵉ Exercice. — Même devoir qu'au 120ᵉ exercice.

Bientôt j'*embrasserai* notre chère maman, *j'oublierai* les jours passés loin d'elle. — Demain elles *enverront* les fruits qu'elles *achetteront*. — Je *raconterai* cette histoire lorsque je *pourrai* parler. — Jeudi nous *visiterons* cet établissement. — Vous *prierez* si fervemment, que vous *obtiendrez* sûrement ce que vous *demanderez*. — A l'avenir vous *observerez* plus fidèlement ce point du règlement. — Quand vous *lirez* mieux, vous *ferez* la lecture au réfectoire. — Il *promettra* tout ce qu'on lui demandera, mais il ne *fera* que ce qu'il *voudra*. — Je *continuerai* ce travail malgré les difficultés que j'y *rencontrerai*. — Tu *essuieras* ces meubles.

127ᵉ Exercice. — Même devoir qu'au 119ᵉ exercice.

Je suivrais,	tu assaisonnerais,	il vivrait.
Je chaufferais,	tu frapperais,	il sourirait.
Je louerais,	tu ouvrirais,	elle taillerait.
Je glorifierais,	tu recevrais,	elle essayerait.
Je conviendrais,	tu suspendrais,	elle déferait.
Je préférerais,	tu boirais,	il paierait.
Nous méditerions,	vous emballeriez,	ils contribueraient.
Nous invoquerions,	vous liriez,	ils choisiraient.
Nous unirions,	vous admireriez,	elles tricoteraient.
Nous déchiffrerions,	vous honoreriez,	elles enfouiraient.
Nous naviguerions,	vous arracheriez,	ils fortifieraient.
Nous fournirions,	vous subiriez,	ils dépériraient.

128ᵉ Exercice. — Même devoir qu'au 120ᵉ exercice.

Si vous *pouviez*, vous *prendriez* ce soir le grand convoi. — Vous *réussiriez* mieux à l'étude, si vous *assistiez* plus exactement aux leçons. — Nous *ferions* plaisir à nos bonnes Maîtresses, et nous *glorifierions* davantage le bon Dieu, si nous *étions* plus studieuses. — Elle *souffrirait* avec plus de patience, si elle *aimait* davantage. — Je *resterais* si on le permettait. — Si nous n'étions obligées de partir, nous *continuerions* volontiers cet ouvrage. — Si on le lui permettait, elle *emploierait* une partie de sa fortune en bonnes œuvres.

129ᵉ EXERCICE. — Même devoir qu'au 119ᵉ exercice.

Que je suppose,	que tu expies,	qu'il instruise.
Que je consulte,	que tu défasses,	qu'il enseigne.
Que j'attende,	que tu déduises,	qu'elle meure.
Que j'existe,	que tu dédaignes,	qu'elle corrige.
Que j'essuie,	que tu agrées,	qu'il avertisse.
Que je convertisse,	que tu accroisses,	qu'il applaudisse.
Que nous confiions,	que vous pâlissiez,	qu'ils appréhendent.
Que nous dévidions,	que vous rougissiez,	qu'ils saluent.
Que nous entrepre-nions,	que vous méritiez,	qu'ils entreprennent.
Que nous formions,	que vous fendiez,	qu'ils soulagent,
Que nous exhortions,	que vous mouriez,	qu'ils essuient.
Que nous hissions,	que vous poussiez,	qu'elles courent.

130ᵉ EXERCICE. — Même devoir qu'au 120ᵉ exercice.

Il faut que nous *agissions* avec une grande soumission. — Ma mère désire que j'*achève* cet ouvrage cette semaine. — Jules craint que tu ne *tues* sa tourterelle. — Il souhaite que nous *portions* promptement ce secours à ces pauvres. — Je doute que vous *gagniez* ce procès. — On veux que je *fasse* cette commission. — Il faut nécessairement que nous *imitions* Notre-Seigneur. — On exige qu'elles *travaillent* avec plus d'ardeur. — Espère-t-on qu'ils *réussissent?* — Il est à craindre qu'elle ne *tombe.* — Plaise à Dieu qu'ils *emploient* mieux le temps! — Il est bien urgent que nous *sanctifions* davantage le dimanche.

131ᵉ EXERCICE. — Même devoir qu'au 119ᵉ exercice.

Que je portasse,	que tu habitasses,	qu'il obligeât.
Que j'occupasse,	que tu écoutasses,	qu'il prévînt.
Que je fisse,	que tu reçusses,	qu'il parût.
Que je présumasse,	que tu comprisses,	qu'elle ménageât.
Que je recueillisse,	que tu lavasses,	qu'il réglât
Que j'invitasse,	que tu vinsses,	qu'il pourrît.
Que nous marchas-sions,	que vous déposassiez,	qu'ils sacrifiassent.

Que nous produisis-sions,	que vous exceptassiez,	qu'ils voulussent.
Que nous lussions,	que vous valussiez,	qu'elles terminassent.
Que nous connus-sions,	que vous mélangeas-siez,	qu'ils aiguisassent.
Que nous appelas-sions,	que vous perdissiez,	qu'elles dussent.
Que nous forgeas-sions,	que vous avouassiez,	qu'ils jugeassent.

132ᵉ Exercice. — Même devoir qu'au 120ᵉ exercice.

Notre frère voudrait que vous *prissiez* un autre parti. — Il craignait que vous ne *partissiez* sans provisions. — Les médecins voudraient que tu *quittasses* ce quartier. — Notre mère appréhendait qu'elle n'*abusât* de tant d'indulgence. — Notre père désirait que nous *réparassions* cette faute. — Il tremblait que vous ne *trouvassiez* pas M. le curé. — Il craignait que vous ne *voulussiez* pas croire à sa parole. — Il était indispensable que vous *déployassiez* une grande énergie dans cette circonstance. — Plût à Dieu que je *comprisse* enfin le prix des souffrances !

133ᵉ Exercice. — Même devoir qu'au 120ᵉ exercice.

Ils *courent*, ils *tomberont*. — Tu *emploies* mal le temps. — Demain vous *consulterez* le médecin ; vous *suivrez* exactement ses prescriptions. — Elle *prendrait* ce parti, si on soutenait cette cause. — Elle *envoie* chaque année aux élèves de bien jolies étrennes. — Il désire que vous *aimiez* toujours Marie, et que vous la *priiez* fervemment. — Ils *cueillent* des fraises, et ils les *partagent* avec nos amis. — Nous *réciterons* bien ces longues leçons. — Hier je *chantai* les cantiques qu'il composa. — Demain il *surveillera* les travaux qui seront commandés. — Elise dépensera l'argent que vous lui *confierez*. — Hier au soir il *tomba* dans la boue. — Au Ciel, nous *goûterons* des joies pures et éternelles. — Jeudi, nous *promenâmes* les pensionnaires dans le parc, et nous *visitâmes* les appartements du château. — Quand tu *écriras*, tu *donneras* des nouvelles de nos bons parents. — J'*essuierai* ces meubles avant de sortir. — Nos maîtresses désireraient que vous *profitassiez* davantage de l'étude. — On veut que je *joue*, *j'aimerais* mieux travailler. — Ils *arrosent* les légumes qu'ils *plantèrent* hier. — Il est à souhaiter que vous *rencontriez* nos compagnes — Elle *sollicite* sa grâce. — Vous *distribuerez* ce pain aux pauvres. — On voudrait que nous *chantassions* pendant le mois de Marie. — Elles *prient* avec persévérance, elles *obtiendront* ce qu'elles *désirent*. — Ils *prirent* trois anguilles et deux aloses. — Elle *crie* comme un aveugle. — Il tombait malade quand nous *arrivions*. — Vous *comptez* trop sur l'appui des hommes, et vous *négligez* de recourir à Dieu. — *J'aime* Dieu seul, je *cherche* Dieu seul, je ne *veux* que Dieu seul.

134ᵉ EXERCICE. — Copiez en entier ce qui suit :

VERBE AVOIR.

Aujourd'hui ,	*Hier,*	*Hier,*	*Demain.*
J'ai ,	J'eus,	J'avais,	J'aurai,
tu as ,	tu eus,	tu avais,	tu auras,
il a,	il eut,	il avait,	elle aura,
nous avons ,	nous eûmes ,	nous avions ,	nous aurons,
vous avez,	vous eûtes,	vous aviez,	vous aurez.
ils ont.	ils eurent.	elles avaient.	ils auront.

S'il se pouvait,	*On veut,*	*On voudrait,*
J'aurais ,	Que j'aie,	Que j'eusse,
tu aurais ,	que tu aies,	que tu eusses,
elle aurait,	qu'il ait,	qu'elle eût,
nous aurions ,	que nous ayons,	que nous eussions,
vous auriez ,	que vous ayez,	que vous eussiez,
ils auraient.	qu'ils aient.	qu'ils eussent.

135ᵉ EXERCICE. — Copiez les phrases suivantes , en ajoutant le verbe *avoir* à toutes les personnes où il manque, et en rapprochant les mots de chacune de ces petites phrases.

Aujourd'hui j'*ai*   la migraine,
             tu   tort,
             Charles   raison,
             nous   deux vaches,
             vous   du pain,
             ces enfants   froid.

      Hier   j'*eus*   la peine,
             tu   le profit,
             il   la gloire,
             nous   l'honneur,
             vous   la récompense,
             ils   le repos.

             J'*avais*   de l'ouvrage,
             tu   des ouvriers,
             elle   des ressources,
             nous   du courage,
             vous   du bonheur,
             ils   des succès.

   Demain   j'*aurai*   un sac,
             tu   une hotte,
             il   un panier,
             nous   un carton,
             vous   une caisse,
             ils   des malles.

Si on le permettait j'*aurais*   un chat,
             tu   une chèvre.
             elle   un chien,
             nous   une poule.
             vous   des pigeons,
             ils   un cheval.

    On désire que j'*aie*   une grammaire,
             que tu   un catéchisme,
             qu'elle   un paroissien,
             que nous   un manuscrit,
             que vous   une arithmétique,
             qu'ils   une histoire ecclésiastique.

On souhaiterait que j'*eusse*   des sabots,
                  que tu   des fleurs,
                  qu'elle   du lilas,
                  que nous   des giroflées,
                  que vous   des géraniums,
                  qu'ils   des tulipes.

136ᵉ Exercice. — Copiez ce qui suit, en ayant soin d'ajouter le verbe *avoir* à toutes les personnes où il manque.

Copiez de nouveau ce même verbe *avoir* bien exactement, d'abord avec *aimé*, puis avec *dit*, avec *pu*, avec *été*, avec *souffert*, avec *fini*.

J'ai	vu,	*J'avais*	vu,	*J'aurais*	vu,
tu	vu,	tu	vu,	tu	vu,
il	vu,	il	vu,	il	vu,
nous	vu,	nous	vu,	nous	vu,
vous	vu,	vous	vu,	vous	vu,
ils	vu,	ils	vu,	ils	vu,
J'eus	vu,	*J'aurai*	vu,	Je doute que j'*aie*	vu,
tu	vu,	tu	vu,	que tu	vu,
il	vu,	il	vu,	qu'elle	vu,
nous	vu,	nous	vu,	que nous	vu,
vous	vu,	vous	vu,	que vous	vu,
ils	vu,	elles	vu,	qu'ils	vu,

Plût à Dieu que j'*eusse*   vu!
               que tu   vu!
               qu'elle   vu!
               que nous   vu!
               que vous   vu!
               qu'ils   vu!

137ᵉ Exercice. — Copiez les phrases suivantes, et remarquez que le mot qui devrait être à la suite du verbe *avoir*, pour faire avec lui comme un seul verbe, en est quelquefois séparé par un ou plusieurs mots. Par exemple dans la 1ʳᵉ phrase, j'*ai* et *vu*, quoique faisant un seul verbe, sont séparés par le mot *souvent* qui n'en fait point partie.

J'ai souvent *vu* des hommes *qui avaient* beaucoup *souffert*, et *qui avaient* cependant tout *pardonné*. — *Vous aurez* peut-être *fini* avant elle; mais je désire que *vous ayez* aussi bien *fait*. — *Marie aurait* bien *voulu* venir; mais le *temps a* constamment *contrarié* son désir. — *Nous avons* longtemps, et toujours inutilement, *cherché* un moyen d'arranger cette affaire à l'amiable. — *Sa famille a*, pendant plusieurs années, *habité* la Bretagne. — *Les pauvres ont* bien cruellement *souffert* de ce dernier fléau. — *Votre père a*, depuis votre départ, *écrit* plusieurs fois à vos protecteurs. — *Nous n'avons* pas, comme nous le devions, *suivi* les conseils de nos parents. — *Ils ont* pendant longtemps *essayé* les moyens que *vous aviez*, je crois, vous-mêmes proposés. — Quoi qu'*ils* lui *aient* certainement *promis, il a* toujours obstinément *refusé* toutes les offres qu'*ils* lui *ont faites*.

138ᵉ Exercice.—Copiez les phrases suivantes, et soulignez partout le verbe *avoir* et le mot qui, quoiqu'il en soit séparé, fait avec lui un seul verbe, comme dans les phrases de l'exercice précédent. Ici, par exemple, vous soulignerez les mots *aviez* et *employé* qui font un même verbe, quoiqu'ils soient séparés par le mot *mieux*.

Si vous aviez mieux employé votre temps, vous auriez aussi mérité la récompense. — Je ne pensais pas que nous eussions si promptement terminé cet ouvrage. — Chrétiens, lorsque nous aurons, à la suite du divin Sauveur, porté chaque jour notre croix, nous pourrons espérer de régner avec lui dans sa gloire. — Ils ont enfin obtenu un congé. — Mon frère a, dans ces dernières années, fait plusieurs fois le voyage de Rome et de la Terre-Sainte. — Vous avez, mon enfant, trop pieusement soigné vos vieux parents, pour que Dieu vous abandonne jamais.—Notre-Seigneur a, pendant trente ans, obéi à Marie et à Joseph; et il a seulement, pendant trois ans, enseigné les peuples.

139ᵉ Exercice. — Copiez en entier ce qui suit :

VERBE ÊTRE.

Aujourd'hui,	Hier,	Hier,	Demain.
Je suis,	Je fus,	J'étais,	Je serai,
tu es,	tu fus,	tu étais,	tu seras,

elle est,	il fut,	il était,	elle sera,
nous sommes,	nous fûmes,	nous étions,	nous serons.
vons êtes,	vous fûtes,	vous étiez,	vous serez,
ils sont.	elles furent.	ils étaient.	ils seront.

S'il se pouvait,	*On veut*	*On voudrait,*
Je serais,	Que je sois,	Que je fusse,
tu serais,	que tu sois,	que tu fusses,
il serait,	qu'elle soit,	qu'il fût,
nous serions,	que nous soyons,	que nous fussions,
vous seriez,	que vous soyez,	que vous fussiez,
ils seraient.	qu'elles soient.	qu'ils fussent.

140e Exercice. — Copiez ce qui suit, et, dans chaque membre de phrase, d'après la 1re personne précédente, ajoutez le verbe *être* à toutes les 2es et les 3es personnes où il manque.

Je suis petite, disait Marie ; — mais *je serai* studieuse.

Tu　　　paresseuse, Charlotte ; — *tu*　　　punie.

Louis　　　fort ; — il ne　　　pas moins adroit.

Mes sœurs, si *nous sommes* pieuses ; — *nous serons* bénies de Dieu.

Petits amis, *vous*　　　si appliqués, — que *vous*　　　récompensés.

Nos maux　　　grands ; — mais *ils*　　　bientôt passés.

Je serais bien attrapée, — si j'*étais* la dernière.

Tu　　　fort malheureuse ; — si tu　　　livrée à toi-même.

Le chat　　　content, — si le buffet　　　ouvert.

Nous serions heureuses, — si nous *étions* bonnes.

Vous　　　tristes, — si vous　　　méchantes.

Ils　　　chéris, — s'ils　　　dociles.

Quoique *je fusse* préparée à sa venue, — je *fus* saisie en le voyant.

J'aurais désiré que tu　　　présente ; — mais tu　　　trop lente à venir.

Cette mère aurait préféré que son fils　　　mort, — tant elle　　　désolée de le voir déshonoré.

Il eût été bon que nous *fussions* consultées, — nous *fûmes* un peu peinées de cet oubli.

J'aurais voulu que *vous*   récompensées; — mais *vous*   trop dissipées.

Il fallait qu'*ils*   arrivés pour la fête; — mais *ils*   retardés par un accident.

Que je sois malade ou non, peu importe.

Comprends qu'il est bon *que tu*   réprimandée.

Je ne crois pas *qu'il*   venu de sitôt.

Détachons-nous de tout, puisqu'il faut *que nous* en *soyons* dépouillés un jour.

Je crains *que vous* ne   prises au dépourvu.

J'attends *que les jours*   plus longs.

141ᵉ Exercice. — Copiez ces phrases, et complétez-les en ajoutant le verbe *être* partout où il manque, en remarquant bien que l'adjectif ou autre mot équivalent qui suit le verbe *être*, reste au masculin ou se met au féminin, suivant que le sujet du verbe est au masculin ou au féminin, et que, de plus, il se met au singulier ou au pluriel, suivant que ce sujet est au singulier ou au pluriel.

Moi, Louise, je suis	petite,
Sophie, tu	petite,
Mon frère	petit,
Marie et moi nous	petites,
Vous et votre frère vous	petits,
Mes cousins	petits.

Moi, Pierre, je fus	fâché,
Jean, tu	fâché,
Julie	fâchée,
Mon frère et moi nous	fâchés,
Vous et Henri vous	fâchés,
Mes sœurs	fâchées.

Moi, Joseph, je serai	content,
Eugénie, tu	contente,
René	content,

Ma mère et moi nous   contentes;
Vous et vos sœurs vous   contentes;
Nos chers parents   contents.

Si le temps l'eût permis, moi, Marie, je serais venue;
              Louise, tu   venue;
              Marianne,   venue;
              Mon père et moi nous   venus;
              Vous et Pauline vous   venues;
              Les bateliers   venus.

On veut que moi, Jeanne, je sois satisfaite;
      que toi, Jacques, tu   satisfait;
      que Marguerite   satisfaite;
      que Louise et moi nous   satisfaites;
      que vous et votre oncle vous   satisfaits;
      que les étrangers   satisfaits.

On souhaiterait que moi, Cécile, je *fusse* résignée;
          que toi, Félix, tu   résigné;
          que Jean   résigné;
          que mes sœurs et moi nous   résignées;
          que vous et votre amie vous   résignées;
          que ces pauvres   résignés.

142e Exercice. — Copiez les phrases suivantes, et répétez l'adjectif, ou autre mot équivalent, à la suite des personnes où il manque, en ayant soin de le mettre au masculin ou au féminin, au singulier ou au pluriel, suivant que le sujet le demande.

Moi, Anne, je suis maladroite;
Paul, tu es
Votre cousine est
Marie et moi nous sommes
Vous et Étienne vous êtes
Ces ouvriers sont

Moi, Eugénie, j'étais heureuse;
Charles, tu étais

Notre sœur était
Mes sœurs et moi nous étions
Vous et votre tante vous étiez
Ces enfants étaient

Moi, Hortense, je serai reçue ;
Toi, Henri, tu seras
Henriette sera
Joséphine et moi nous serons
Vous et Gustave vous serez
Nos protégés seront

Si Dieu le voulait, moi, votre fille, je serais admise ;
Marie, tu serais
Ernest serait
Mathurin et moi nous serions
vous et Judith vous seriez
nos frères seraient

Nos parents désirent que moi, Esther, je sois studieuse ;
que toi, Émile, tu sois
que Jules soit
que Sophie et moi nous soyons
que vous et Charles vous soyez
que nos compagnes soient

Ils craignaient que moi, Geneviève, je ne fusse pas préparée ;
que toi, Élisabeth, tu ne fusses pas
qu'Albert ne fût pas
que Catherine et moi nous ne fussions pas
que vous et votre amie vous ne fussiez pas
que nos infortunés voisins ne fussent pas

143° Exercice. — Copiez les phrases suivantes, et remarquez que l'adjectif, ou autre mot équivalent, est souvent séparé du verbe *être* et de son sujet. Mais il n'en doit pas moins s'accorder avec ce sujet ; par conséquent, mettez-le au masculin ou au féminin, au singulier ou au pluriel, suivant que le sujet le demande.

Moi, votre mère, *je suis* toujours *occupé* de votre bonheur. — Sophie, *tu seras* certainement *content* des cadeaux *qui* te *seront fait*. — *Elle serait*, quoi qu'elle en dise, bien *fier* d'obtenir un prix. — Mes bons amis, *vous êtes*, je crois, beaucoup trop *confiant* dans vos propres forces. — *Ces livres* nous *sont* bien souvent *recommandé*. — *Ma chère enfant*, soyez donc toujours bien *soumis*. — Que *Jésus* et *Marie soient* à jamais *béni*, *loué* et *aimé* de tous les cœurs ! — *Ma tante est* enfin, après bien des aventures, *arrivé* hier soir. — *Cette enfant est* bien vivement *impressionné* de tous les malheurs *qui sont* si violemment *tombé* sur sa famille. — *Vos sœurs sont* donc décidément *parti* pour ce long et périlleux voyage ! — Moi qui leur ai servi de mère, *je me suis*, tant que j'ai pu, *opposé* à ce projet.

144e Exercice. — Copiez les phrases suivantes, et soulignez, en les corrigeant, les adjectifs, ou autres mots équivalents, qui se rapportent au verbe *être*.

Mes sœurs sont, depuis plusieurs semaines, retenu à la campagne par l'accident arrivé à la fermière. — Nous sommes, ne l'oublions jamais, mes bonnes amies, favorisé de grâces bien grandes; mais nous sommes, par cela même, obligé à une plus grande fidélité au service de Dieu : soyons donc toujours reconnaissant et généreux. — Julie serait depuis longtemps arrivé, si les routes n'étaient pas, comme vous le savez, intercepté par les affreux désastres de la Loire. — Pauline, vous serez, quoi que vous fassiez, puni pour cette faute; vos maîtresses sont bien profondément affligé de votre conduite. — Ces deux petites filles sont, depuis plusieurs mois, constamment occupé à soigner leur vieille grand'mère. — Moi, votre amie bien dévouée, je suis, croyez-le bien, toute prêt à vous rendre ce service.

Revoyez tous les exercices précédents, à partir du 134e.

145e Exercice. — Copiez ce qui suit, et remarquez comment les mots imprimés en italique donnent un sens complet au verbe qu'ils accompagnent. S'il n'y avait que *j'écris*, Marie *aime*, tu *lisais*, on ne saurait ni ce que j'écris, ni quelle personne Marie aime, ni ce que tu lisais ; mais les mots : *une lettre*, *sa mère*, *ce livre*, complètent les verbes *écris*, *aime*, *lisais* : aussi les appelle-t-on *compléments* de ces verbes

On connaît le complément en disant à la suite du verbe : *qui?* ou *quoi?* selon que le verbe le demande. Par exemple, dans la phrase : *Marie aime sa mère*, pour connaître le complément de *aime*, je dis : *Marie aime... qui?* Réponse : *sa mère;* donc *sa mère* est le complément de *aime*. Dans : *Tu lisais ce livre*, je dis : *tu lisais... quoi?* Réponse : *ce livre;* donc *ce livre* est le complément de *tu lisais*.

J'écris *une lettre*.	Les domestiques allumèrent *le feu*.
Marie aime *sa mère*.	Tu garderas *les moutons*.
Tu lisais *ce livre*.	Nos sœurs soignent *les pauvres*.
Elle étudiera *sa leçon*.	Nous honorons *Marie*.
J'ai fini *mon tricot*.	Ces enfants chérissent *leurs parents*.
Louise essuie *les meubles*.	

146ᵉ Exercice. — Copiez, en le remplissant, tout le 135ᵉ exercice, comme vous l'avez déjà copié ; mais, cette fois, écrivez-le en trois colonnes : dans celle du milieu, vous mettrez tous les verbes ; dans celle de gauche, chaque sujet vis-à-vis de son verbe ; dans celle de droite, chaque complément, aussi vis-à-vis de son verbe.

147ᵉ Exercice. — Même devoir qu'à l'exercice précédent.

Je raccommode mes bas.	La cuisinière trempe la soupe.
Tu soignas ce malade.	Cette mère cherche ses enfants.
Elle fricasse un poulet.	La fermière vend le beurre.
Nous balayons l'alcôve.	Louise préparait une omelette.
Dieu gouverne le monde.	Michel nettoiera la grange.

Vous cueillerez le persil. | Tu as fini ta quenouille.
Il assaisonnera la salade. | Nous plumerons nos oies.
Nous adorons Dieu. | Nous invoquerons la Sᵗᵉ Vierge.
Vous plierez vos habits. | Etienne mettra le couvert.
Tu rempliras la bouteille. | Elle nourrira sa mère.
Elle visite les pauvres. | Nous chanterons un cantique.
Il traverse la rivière. | J'apprends mon catéchisme.
Le jardinier greffe les arbres. | Le boucher tue un bœuf.
Nous lui offrîmes des fleurs. | Vous reçûtes ce pélerin.

148ᵉ EXERCICE. — Formez trois colonnes, et, dans celle du milieu, écrivez chacun des verbes imprimés en italique. Cherchez ensuite son complément, et voyez si ce complément est placé, dans la phrase, avant ou après le verbe. S'il est avant son verbe, mettez-le dans la colonne de gauche, et, s'il est après, mettez-le dans la colonne de droite. Cela fait, remarquez avec soin que le second mot du verbe ne change point, quand le complément est dans la colonne de droite, c'est-à-dire quand, dans la phrase, il est après son verbe; mais que, au contraire, ce second mot du verbe s'accorde avec son complément, quand ce complément est à gauche, c'est-à-dire quand, dans la phrase, il est avant son verbe. Ainsi dans : *J'ai fait plusieurs fautes*, le mot *fait* ne s'accorde pas avec *fautes*; au contraire, dans : *Quelles fautes j'ai faites*, le mot *faites* est au féminin et au pluriel comme *fautes*.

J'ai fait plusieurs fautes. — Quelles fautes *j'ai faites!* — Tu *avais écrit* une lettre. — La lettre que tu *avais écrite.* — Marie *a ourlé* six mouchoirs. — Les mouchoirs qu'elle *a ourlés* — J'ai lu de beaux livres. — Quels beaux livres *j'ai lus!* — Tu *as reçu* une récompense. — La récompense que tu *as reçue.* — Julie *a cueilli* des roses. — Les roses qu'elle *a cueillies* sont belles. — Nous *eûmes achevé* bien vite tous nos apprêts. — Dès que nous les (*nos apprêts*) *eûmes achevés*, nous partîmes. — Vous *aurez fini* vos devoirs avant moi. — Quand vous les (*vos devoirs*) *aurez finis*, vous m'aiderez. — Ils *auront terminé* leurs affaires. — Quand ils les (*leurs affaires*) *auront terminées*, ils seront contents.

149° Exercice. — 1° Même devoir qu'à l'exercice précédent, en ayant soin de faire accorder le second mot du verbe avec son complément, quand il y aura lieu, d'après la règle de ce même exercice.

2° Copiez en entier toutes les phrases ci-dessous, avec les corrections nécessaires.

J'ai préparé des cataplasmes. — Vous poserez les cataplasmes que *j'ai préparé*, quand vous *aurez appliqué* les sangsues. — Les sangsues que vous *avez appliqué* ont-elles *soulagé* la malade? — La malade que nous *avons soulagé* est bien reconnaissante. — Nous *avons cueilli* ce matin des roses bien fraîches. — Nous offrirons à Marie les roses que nous *avons cueilli.* — Elles *ont étudié* leurs leçons avant le déjeûner. — Elles réciteront ce soir les leçons qu'elles *ont étudié* ce matin. — La fermière nous *a vendu* trois douzaines d'œufs. — Les œufs que la fermière nous *a vendu* ne sont pas frais. — Le médecin *a ordonné* une potion calmante. — La potion qu'*a ordonné* le médecin a fait un grand bien à notre chère malade. — Job *a montré* une admirable patience dans les peines qu'il *a éprouvé*. — Cette patience qu'il *a montré* dans ses épreuves a fait l'admiration du ciel et de la terre. — Maman *a fait* des confitures d'abricots. — Les confitures qu'elle *a fait* sont très-belles. — N.-S. *a eu* toujours une grande indulgence pour les pécheurs. — Cette indulgence que N.-S. *a eu* pour les pécheurs doit nous donner une grande confiance. — Le vénérable de Montfort *a institué* deux saintes congrégations. — Ces congrégations que cet homme de Dieu *a institué* sont celle des Missionnaires de la compagnie de Marie et celle des Filles-de-la-Sagesse. — Nos sœurs *ont soigné* les malades, elles *ont visité* les prisonniers, elles *ont consolé* les affligés, elles *ont recueilli* les orphelins; et, tous ces malades qu'elles *ont soigné*, ces prisonniers qu'elles *ont visité*, ces personnes affligées qu'elles *ont consolé*, ces orphelins qu'elles *ont recueilli*, bénissent leur mémoire et conservent à jamais le souvenir de leurs immenses bienfaits.

150° Exercice. — En copiant les phrases suivantes, faites encore attention à chacun des verbes imprimés en italique, et voyez si le complément est avant ou après ce verbe, et, d'après ce que vous avez remarqué dans les deux exercices précédents, jugez si le second mot du verbe doit s'accorder ou non avec le complément de ce verbe.

Jeanne *a lavé* les bas que tu lui *as donné*. — Je les *(les bas)* *avais compté*, et je les *ai* tous *retrouvé* dans la corbeille que cette femme *a rapporté*. — Nous *aurions acheté* des oranges, mais celles que *(les oranges)* nous *avons vu* ne nous convenaient pas. — Après que vous *aurez raccommodé* tous les essuie-mains que j'*ai déposé* sur la table, vous plierez les serviettes que j'*ai mis* sur le banc. — La visite que nos enfants *ont reçu* leur *a causé* une grande joie. — Quelle sottise *ont fait* ces gens-là! — Mes frères *ont tué* hier trois perdrix; avec les deux lapins qu'ils *avaient tué* la veille, nous *avons préparé* un bon dîner aux voisins que nous *avions invité*. — J'*ai essayé* mes souliers neufs; le cordonnier les *(mes souliers)* *a fait* trop petits. — J'*ai étudié* les leçons que vous m'*avez donné*; si je les *(les leçons)* *avais appris* plus tôt, j'*aurais reçu* une récompense. — On m'*a apporté* deux robes; j'aime mieux celles *(les robes)* qu'on *a apporté* pour ma sœur. — J'*ai vu* vos cahiers; vous les *(vos cahiers)* *avez* mal *écrit*. — J'*ai vu* les livres que vous *avez choisi*. — Mon frère *a acheté* une maison; c'est, je crois, la maison que vous *avez bâti*. — Nous *avons accepté* les offres amicales qu'on nous *a fait*. — J'*ai conservé* la mémoire des bienfaits que vous m'*avez prodigué*. — Je vous *ai rendu* les objets que vous m'*aviez prêté*. — Quand vous *aurez fini* les devoirs qu'on vous *a donné*, vous irez en promenade. — Charlotte *a mérité* une récompense; on lui *a accordé* celle qu'elle *avait désiré*.

151ᵉ Exercice. — Avant de copier les phrases suivantes, commencez par bien reconnaître les verbes qui sont composés de deux mots, et qui, de plus, ont un complément; puis, faites le même devoir que celui qui est indiqué à l'exercice précédent.

Les livres que vous nous avez prêté sont bien instructifs. — Les poissons que Jules avait pêché, le chat les *(les poissons)* **a** mangé.

Oh! le vilain chat qui a mangé nos poissons! — Les efforts qu'ils ont fait ont déjà reçu leur récompense. — L'obéissance, l'humilité et la douceur sont les vertus que N.-S. nous a surtout recommandé, plus encore par ses actions que par ses paroles. — La frayeur qu'elle a eu a troublé ses idées. — Les élèves que nous avons reçu hier suivront la troisième classe. — Les étoffes que nous avons acheté sont de mauvaise qualité; le marchand nous a trompé. — Vous n'aurez fini votre classe que lorsque vous aurez récité vos leçons. — Les lettres que nous avons envoyé à la poste ne partiront que ce soir. — Les nations ont loué le Seigneur, le ciel et la terre ont publié sa gloire. — J'ai aimé la Sagesse, et c'est elle que j'ai recherché avec ardeur dès ma jeunesse. — La victoire que nos troupes ont remporté sur les ennemis, doit être tout entière attribuée à la protection de la Sainte Vierge. — Nous avons semé des petits pois dans le jardin. — Les greffes que nous avons fait sont très-bien prises. — Les oignons qu'on vous a envoyé de Hollande sont fort beaux. — Vous avez tracé des lignes trop inégales, votre plan ne pourra jamais être exact. — Ils ont reçu des pouvoirs d'une étendue bien grande. — La puissance que N.-S. a reçu de son Père pour juger les hommes, paraîtra surtout au jour du jugement.

Revoyez tous les Exercices précédents à partir du 145e.

152e EXERCICE. — Copiez les phrases suivantes, et remarquez que, lorsqu'on interroge, au lieu de mettre avant le verbe le pronom, sujet de ce verbe, on le met après, en le joignant à ce verbe par un trait-d'union. Ainsi, au lieu de : *Vous irez,* on dit : *Irez-vous?*

Irez-vous à la ville? — *Viendras-tu* à la campagne? — *Ferons-nous* une belle promenade? — *Consultez-vous* le médecin? — Les raisins *mûriront-ils?* — *Voudrais-tu* me rendre ce service? — *Peut-on* y compter? — *Dois-je* tailler ainsi cette chemise? — *Prétendait-il* me faire peur? — *Pouvons-nous* espérer vous voir cette semaine? — *Croyez-vous* qu'elle tombe? — *Promettrais-tu* une récompense?

4*

153° Exercice. — Donnez aux phrases suivantes la tournure interrogative; et, par conséquent, placez-y le sujet de chaque verbe, comme dans les phrases de l'exercice précédent.

Nous laverons la lessive demain. — Elle dort en ce moment. — Tu verras ta sœur. — Je puis sortir maintenant. — J'arriverai à temps. — Tu penses venir demain. — Nous verrons la cérémonie. — Je puis rendre ce service. — Ils lisaient cette histoire. — Vous entreprendrez cette affaire. — Vous assisterez à la fête. — Nous tiendrons notre promesse. — On doit venir nous voir. — Vous partirez demain.

154° Exercice. — Copiez ce qui suit, et remarquez que, lorsqu'on interroge, si le verbe finit par une voyelle, et que le pronom suivant soit *il, elle* ou *on*, il faut mettre un *t* entre le verbe et le pronom, afin d'adoucir la prononciation. Ce *t* se lie au verbe et au pronom par un trait-d'union. Ainsi, au lieu de *il pense*, on ne dit pas : *Pense-il?* mais, *pense-t-il?*

Votre père pense-t-il comme vous? — Finira-t-elle sa tâche à l'heure? — La fièvre reviendra-t-elle? — Cet enfant travaille-t-il bien? — Pourra-t-on jamais assez le remercier? — Espère-t-elle faire mieux que vous? — Finira-t-il son devoir? — Recevra-t-elle une récompense? — Trouvera-t-il ce devoir bien fait? — Partira-t-elle bientôt? — Aime-t-il Dieu celui qui ne craint pas de l'offenser? — Que pense-t-elle de votre résolution?

155° Exercice. — Donnez aux phrases suivantes la forme interrogative, en y faisant les changements nécessaires pour cela.

Il faudra faire à sa guise. — On fera bien de s'en défier. — Elle s'imagine nous tromper. — On aime ce genre d'étoffe. — Il essaye de fuir. — Elle redoute de paraître. — Elle aime à lire. — On prendra des précautions. — Il craindra d'être puni. — On ira à son secours. — Elle arrive demain. — Elle pense avoir réussi. — Il préfère partir tout de suite. — Elle viendra nous rejoindre. — Elle chante un cantique.

156° EXERCICE. — Copiez ce qui suit, et remarquez que, lorsque le verbe est composé du verbe *avoir* et d'un autre mot, comme *vous avez vu, il aurait supposé, nous aurons fini,* le pronom, sujet du verbe, se met immédiatement après le verbe *avoir.*

Avez-vous vu mon frère? — *Aurait-il supposé* une pareille chose? — *Aurons-nous fini* avant la nuit? — *A-t-il cru* me tromper? — *Ai-je été* dupe? — *Aura-t-on trouvé* ce devoir bien fait? — *As-tu vu* ta sœur?

157° EXERCICE. — Donnez aux phrases suivantes la forme interrogative, en y faisant les changements nécessaires.

Elle a craint de paraître. — Il a couru de grands dangers.—Vous avez visité notre chapelle. — Vous avez porté ces secours aux pauvres. — Elle a prié avec confiance. — Ils auront obtenu ce qu'ils sollicitaient. — On a parlé longuement de cet événement. — Il a compté beaucoup sur votre appui. — Elles ont balayé tous les appartements.

***

Revoyez au moins une fois toute cette seconde partie.

TROISIÈME PARTIE.

158° EXERCICE. — Copiez les phrases suivantes, et remarquez les mots en italique; on se trompe souvent en prenant pour féminins ceux qui sont masculins, et, pour masculins, ceux qui sont féminins.

Noms masculins.

Vous tomberiez dans un *abîme* profond.
Sacrifiez à l'essentiel ce petit *accessoire*.
Il faut en dresser un *acte* public.
Son grand *âge* lui a fait perdre la mémoire
Vous avez fait là un vilain *amalgame*.
Votre *amidon* est trop frais.
Je mangerai cet *anchois* à l'huile.
L'*âne* gris est malade.
L'*Angelus* est sonné : disons-le.
Cet *anis* est bien conservé.
Cette plante est un puissant *antidote*.
Avez-vous vu le bel *arc-en-ciel* qui a paru hier soir ?
Elle a dépensé tout son *argent*.
Le jardinier a acheté un *arrosoir* neuf.
Le divin cœur de Jésus est un *asile* sûr et tranquille.
Le grand *autel* de notre paroisse est très-beau.
Cet arrangement nous a procuré un grand *avantage*.
Le *centime* est la centième partie du franc.
Ce jardin nous donne d'excellents *concombres*.
Ce terrain est encore couvert d'anciens *décombres*.
Un *éclair* effrayant vint frapper nos yeux.
Jésus donna de grands *éloges* à la foi du centenier.
Le médecin a ordonné un grand *emplâtre* de poix de Bourgogne.
Cet *empois* est trop épais.
Ma tante a un *érysipèle* bien dangereux.
Ce bel *escalier* conduit à de vastes appartements.
Le second *étage* est occupé par une famille bien intéressante.
Le premier *Évangile* fut écrit par saint Matthieu, le second, par saint Marc, le troisième, par saint Luc, et le quatrième, par saint Jean.
J'ai un bon *exemple* d'écriture.
Suivons les grands *exemples* que les saints nous ont laissés.
L'*hiver* a été froid et pluvieux.
L'*horizon* est couvert de nuages.
Ce seigneur a fondé un bel *hospice* pour les pauvres vieillards.

Ce magnifique *hôtel* appartient au bienfaiteur de la paroisse.
Un terrible *incendie* a éclaté cette nuit.
J'ai des *indices* certains sur la demeure du voleur.
La fièvre ne lui laisse que de courts *intervalles*.
Ma sœur a fait son petit *inventaire*.
Cette statue était du plus bel *ivoire*.
Ces bons *légumes* font notre nourriture.
La grâce nous fait surmonter tous les *obstacles*.
Hier le grand *omnibus* était au complet.
Vos *ongles* sont trop longs.
Cet *onguent* est excellent pour les brûlures.
A l'approche de ce terrible *orage*, nous avons cherché un asile.
Notre petit *oratoire* est dédié à saint Joseph.
Cet orateur a un bon *organe*.
Ce joli *ouvrage* a été fait par de jeunes aveugles.
Plusieurs *panaches* blancs ornent le dais.
Un *paraphe* des plus simples accompagne sa signature.
Les *pétales* de l'œillet sont très-nombreux.
Nous avons mis notre toile à blanchir sur le *pré*.
Elle fait tout au *rebours* de ce qu'on lui commande.
Ce *rechange* est avantageux pour vous.
Je connais quelques *simples* très-bons pour cette maladie.
Tous nos *ustensiles* de cuisine sont de fer ou de cuivre.
Tous les *vivres* sont chers cette année.

Noms féminins.

Votre conduite m'a causé de vives *alarmes*.
Une souris s'est cachée dans cette *alcôve*.
Cette *antichambre* est mal éclairée.
L'*argile* de ce champ est très-bonne pour la poterie.
Il y a deux grandes *armoires* dans ce cabinet.
Craignez-vous que ce médecin ne vous coupe une *artère*?
Vous avez choisi une mauvaise *caution*.
Cette *charpie* est blanche et fine.
Une *jatte* pleine de lait fut apportée pour la collation.
Une *dinde* sera servie au dîner.

La meilleure *ébène* vient, dit-on, de la Cochinchine.

Donnez-moi une *écritoire*.

Une *équivoque* est un vice de langage.

Toutes mes *fibres* se sont ébranlées en entendant ce récit.

Cette belle *horloge* sonne les heures et les demies.

Il y a de grandes *hypothèques* sur vos biens.

Ce serait lui faire une grande *insulte* que de douter de sa parole.

Chantons nos pieuses *litanies* devant l'image de Marie.

On m'a fait une *offre* très-avantageuse.

Nous avons acheté une *oie* qui est bien grasse.

L'*oriflamme* bleue était portée par une enfant de Marie.

Relevez ce rideau sur la *patère*.

La *quinine* est un remède dont l'abus est bien dangereux.

On a trouvé une *sentinelle* morte dans sa guérite.

Les *vêpres* du samedi-saint sont fort courtes.

159° Exercice. — Copiez les phrases suivantes, et, au lieu des mots en italique qui sont vicieux, mettez les mots placés entre parenthèses, et qui sont exacts.

Marie a *abîmé* (sali) sa robe.

Vos souliers sont *acculés* (éculés).

La maison *à* (de) mon père.

Notre classe est bien *airée* (aérée).

Cette pauvre mère est dans les *angoises* (angoisses).

On parle d'une *apparution* (apparition) de la Sainte Vierge.

Il est *après à* (à) lire.—On *demande après vous* (vous demande).

Assis-toi (assieds-toi).

Ma tante est *asthme* (asthmatique).

Cet enfant *bègue* (bégaye).

J'ai de jolies *belsamines* (balsamines) dans mon parterre.

J'ai acheté de la *castonnade* (cassonade).

Il faudra faire étamer nos *castroles* (casseroles).

J'étudie le *chiffre* (le calcul, l'arithmétique).

Voilà un bon *chirugien* (chirurgien).

Balayez le *colidor* (corridor).

Notre frère a été chargé d'une affaire *conséquente* (importante).

Voilà un homme d'une belle *corporence* (corpulence).
J'ai acheté vingt mètres de *couétil* (coutil).
Ramassez ces *coupeaux* (copeaux).
Suspendez le chaudron à la *cramaillère* (crémaillère).
Vous ne *décessez* (cessez) pas de parler.
En *définitif* (définitive), nous ne gagnons rien.
Cette étoffe *déteint* (se déteint), je ne l'emploierai pas.
Echangez (essangez) ce linge avant de sortir.
Ce qu'il a fait *est de mauvaise édification* (n'est pas édifiant).
J'ai reçu en cadeau de belles *émouchettes* (mouchettes).
Il *en agit* (agit) mal avec moi.
Ma tante n'est pas remise de son *enflammation* (inflammation).
Ma sœur a eu une forte *esquilancie* (esquinancie).
Je vous demande *excuse* (pardon).
Ne descendez pas si vite *les escaliers* (l'escalier).
Il m'a *fixé* (regardé) longtemps.
Le *gaudron* (goudron) est une espèce de poix.
Aimez-vous le *gisier* ou *gégier* (gésier) de dinde ?
Imaginez-vous (Imaginez) que les voleurs sont venus ici.
Vous avez fait une faute d'*inattention* (attention).
Il y a un *jeu* (jet) d'eau au bas du jardin.
J'ai mal réussi (Je n'ai pas).
Je *me suis en allé* (m'en suis allé) dès que j'ai eu fini.
Il a un air *minable* (misérable).
Aimez-vous les *nentilles* (lentilles).
Il l'a fait *par exprès* (exprès).
Cette rue est très-*passagère* (très-fréquentée).
Une personne *perclue* (percluse).
Cet enfant demande *un petit peu* (un peu) de pain.
Cette personne *est bien portante* (se porte bien).
Je vous *promets* (assure) que cela est.
Cet enfant est *rancuneux* (rancunier).
Il a *recouvert* (recouvré) la vue et la santé.
J'ai peur de cet homme; il a l'air *rébarbaratif* (rébarbatif).
Où *restez* (demeurez) vous ?
Nous avons acheté un kilo de *semouille* (semoule).
Deux et deux *sont* (font) quatre.

Tâchez (Faites en sorte) que je sois satisfaite.
Une fois pour *tout* (toutes).

160° EXERCICE. — Remarquez, en copiant les **phrases**
suivantes, comment des mots qui se prononcent à peu
près de la même façon, s'écrivent pourtant de manières
différentes.

Juliette doit aller *à* Paris; elle y *a* plusieurs amies. — *Ah !* que
je suis heureuse !

Le chien *aboie*. — Ce pauvre homme est aux *abois*.

Je vous remercie de votre bon *accueil*. — Votre sœur *accueille*
son monde avec bonté.

Le bien mal *acquis* ne profite jamais. — N'oubliez pas de mettre
votre *acquit* au dos de ce billet.

Je ne puis sortir dans ce moment; j'ai quelque chose *à faire* qui
demande beaucoup d'application. — J'irai chez vous dans une
heure; j'ai *affaire* auparavant à la Bourse.

Il ne fait point d'*air* dans ce bosquet —Balayez l'*aire*, afin qu'on
y batte le grain. — L'*ère* chrétienne a commencé à la naissance de
Notre-Seigneur. — Il *erre* au milieu des bois. — Les saints portaient la *haire* et le cilice. — Cet homme est sans mérite et sans
fortune; c'est un pauvre *hère*.

Ce cordonnier se sert bien de son *alène*. — Elle court à perdre
haleine.

Ces *amandes* sont douces. — Il faudra payer l'*amende*.

La charité nous oblige d'aimer nos *amis* et nos ennemis. — J'ai
fait faire une douzaine d'*amicts* pour l'église de notre paroisse.

Ma sœur se nomme *Anne*. — J'ai acheté un *âne* pour conduire
nos légumes à la ville.

Je parlerai *après* vous. — Faites vos *apprêts* de voyage.

La musique est un *art* d'agrément. — L'*are* est la centième
partie de l'hectare. — J'ai gagé un domestique, et je lui ai donné
toutes les *arrhes* qu'il a demandées.

Les *aulx* sont une espèce d'oignons. — Elle n'a que la peau et
les *os*. — C'est dans l'Avent que l'on chante les *O*. — *Oh !* que le
bon Dieu est bon ! — L'*eau* de cette fontaine est très-bonne.

L'*autel* de cette chapelle est fort simple. — Ce monsieur habite un bel *hôtel*.

Sous les maternels *auspices* de Marie, qu'avons-nous à craindre ? — L'*hospice* des fous à La Rochelle est bien beau.

Je suis arrivée *avant* vous. — Nous sommes dans l'*Avent*.

Ma sœur a de *beaux* jardins. — Voilà déjà plusieurs *baux* que je passe avec le même propriétaire.

M. le curé a *bénit* ce cordon. — J'ai *béni* Dieu de vous avoir ainsi protégée.

L'armée est sortie du *camp*. — *Caen* est une des principales villes de Normandie. — Je viendrai *quand* vous voudrez. — Le *Kan* des Tartares est dangereusement malade. — Il ne faut pas craindre les *qu'en* dira-t-on. — *Quant* à cela, il n'y faut plus penser.

La *cane* est grise, et n'a pas les couleurs vives du canard. — Mon père est encore faible, et ne peut marcher qu'en s'appuyant sur une *canne*.

Les grands navires ont plusieurs *canots*. — La Hollande est coupée par un grand nombre de *canaux*.

Celles qui s'appliqueront seront récompensées. — Le *sel* conserve les viandes. — J'ai fait faire une *selle* pour mon cheval. — Il faut que je lui *cèle* mes chagrins pour ménager sa sensibilité. — Le serrurier *scelle* les gonds.

Notre-Seigneur fit la *cène* avec ses disciples. — L'entrevue de Jacob avec Joseph, en Égypte, fut une *scène* bien attendrissante.

La *Seine* traverse Paris. — Cette eau n'est pas *saine*. — Il a pris peu de poisson dans sa *seine* (filet).

Elle est *censée* demeurer à la campagne, quoiqu'elle vienne souvent à la ville. — Cette personne est *sensée* (a du bon sens).

Il y a une *centaine* d'enfants dans cette salle. — Je ne puis trouver la *sentène* de cet écheveau.

On a fait la chasse aux *cerfs* dans cette forêt. — Je suis contente lorsque je *sers* les malades. — L'aigle tenait un agneau dans ses *serres*. — L'hiver, on met les arbustes en *serre*. — Elle se *serre* trop la tête. — Ce domestique *sert* mal ses maîtres.

La *chaîne* de ma montre est brisée. — Le *chêne* porte des glands.

La *chair* du mouton est plus noire que celle du veau. — Cette imprudence lui coûte *cher*. — Le *Cher* est une rivière de France.

— Mon *cher* père, le prédicateur est monté en *chaire*. — Cette étoffe est trop *chère*. — Ils font bonne *chère*.

J'aime le *chant* de l'alouette. — Voilà un beau *champ* de froment.

Votre tante a donc perdu son *chal*. — Le *chas* de mon aiguille est cassé.

Apportez-moi de la *chaux* vive. — Il fait très-*chaud* dans cet appartement.

J'ai perdu *cinq* francs au jeu. — Le roi a le front *ceint* du diadème. — Cet air n'est pas *sain*. — *Saint* Jean était couché sur le *sein* de Notre-Seigneur pendant la cène. — L'humilité est la vertu de tous les *saints*. — Il a apposé son *scing* au bas de cette lettre.

Les abeilles font la *cire* et le miel. — Lorsqu'on parle au roi, on lui dit : *Sire*. — Il faut que je *cire* mes souliers. — Votre frère est donc à l'école militaire de Saint-*Cyr*?

Cet homme ne voit pas *clair*. — Mon frère est *clerc* chez un notaire. — Cette mousseline est *claire*.

Cette personne a un bon *cœur*. — Le *chœur* de notre église est vaste. — Les *chœurs* des Anges forment la troupe des esprits célestes.

Elle *compte* venir me voir cette année. — Monsieur le Maire vient d'être nommé *comte*. — Ce marchand tient bien ses *comptes*. — Ce n'est pas une histoire véritable, c'est un *conte*.

Le *cor* est un instrument à vent. — J'ai des *cors* qui m'empêchent de marcher. — Dieu forma le *corps* du premier homme du limon de la terre.

La peine du *dam* est de ne point voir Dieu. — Qu'il fera beau *dans* le Ciel! — J'ai mal aux *dents*. — La grâce nous vient d'*en* haut.

J'ai reçu une lettre sans *date*. — La *datte* est le fruit du palmier.

J'ai taillé *des* plumes. — J'ai commencé *dès* ce matin à travailler. — Nous avons un *dais* magnifique pour la procession.

J'ai perdu mon *dé*; je ne puis coudre. — Le jeu de *dés* est défendu. — Le dernier *dey* d'Alger est mort en 1834.

Il travaille à vos *dépens*. — Ceci *dépend* de vous...

Elles sont *deux* sœurs. — Les menteurs sont à craindre; défiez-vous d'*eux*. — J'ai acheté une douzaine d'*œufs* trente centimes.

Cette personne a du goût pour le *dessin*. — J'ai *dessein* d'aller à la campagne. — Ce jardin est rempli d'*essaims* d'abeilles.

Je vous *dois* de la reconnaissance. — J'aime mieux les plumes d'*oie* que les plumes métalliques. — Avez-vous mal au *doigt*?

Salomon possédait le *don* de sagesse. — J'ai vu le tableau *dont* vous m'avez parlé. — Il faut *donc* que vous partiez?

L'*envie* est un péché capital. — Que j'*envie* votre sort! vous êtes religieuse. — Elles s'appliquent à l'*envi* l'une de l'autre.

Les choses *étant* ce qu'elles sont. — J'aime le poisson d'*étang*. — Cet arbre *étend* ses branches.

Ce voyageur est *fabricant* de velours. — J'ai manqué le but que je m'étais proposé en *fabriquant* cette étoffe.

La *faim* est un mal cruel. — J'irai vous voir à la *fin* de la journée. — Elle *feint* de ne pas m'entendre. — Ce drap est bien *fin*.

Ces *faits* se sont passés devant plusieurs témoins. — Il tombe sous le *faix*.

Cette nouvelle est *fausse*. — Les Trappistes creusent leur *fosse* tous les jours.

C'est demain la *fête* de la sainte Vierge. — Il est monté au *faîte* des honneurs.

La neige *fond* dès qu'on l'approche du feu. — Les puissances étrangères nous *font* la guerre. — Vous possédez un grand *fonds* de terre. — Ces *fonts* baptismaux sont en marbre. — Il est tombé au *fond* du puits.

On ne peut être sauvé sans la *Foi*. — Je n'ai vu ma sœur qu'une *fois* depuis son retour. — J'ai acheté un *foie* piqué.

Ce *fossé* est plein d'eau. — Cette serrure est *faussée*. — Il ne faut pas *fausser* son jugement. — Il faut faire un *fausset* à ce tonneau.

Les rues des grandes villes sont éclairées au *gaz*. — J'ai acheté un voile de *gaze*.

Les pauvres ne font leur soupe qu'avec de la *graisse*. — La *Grèce* est déchue de son ancienne splendeur.

Je n'ai *guère* de papier. — La *guerre* est déclarée avec les puissances.

Le *héraut* de la ville vient de mettre ses affiches. — Duguesclin fut un des *héros* de son siècle. — Montpellier est le chef-lieu du département de l'*Hérault*.

J'ai vu les *jets* d'eau de Saint-Cloud. — Avec du *jais* on fait des pendants d'oreille. — Le *geai* est un oiseau qui s'apprivoise facilement. — J'ai reçu de ses nouvelles il y a huit jours.

Ce *lait* est bien doux. — Ce tableau est *laid*. — C'est un frère *lai*. — Je mets deux *lés* à mon tablier. — *Les* plaisirs des mondains sont insipides, quand on a goûté ceux de la religion.

Ce n'est pas dans ce *lieu* qu'on trouve le bonheur.—Mortagne est à une *lieue* de Saint-Laurent. — Le *lieu* est un poisson très-connu.

Je lui écrirai plus tard, *mais* je n'ai pas le temps de le faire aujourd'hui. — Je n'aime pas les *mets* fades. — *Mes* souliers sont usés, je vais en faire faire une paire de neufs. — *Mets* beaucoup d'application à tes devoirs.

Dieu est le *maître* de l'univers. — Le *mètre* est l'unité des mesures de longueur. — Il faut *mettre* chaque chose à sa place.

J'ai *mal* aux dents — Votre *malle* est faite.

Un *marchand* travaille pour s'enrichir. — Lorsqu'il fait froid on s'échauffe en *marchant*.

Marie est le nom de notre mère. — Cette femme aime son *mari*.

Je suis bien *marri* (fâché) de vous faire de la peine.

Souffrons nos *maux* avec patience. — Nous avons, en français, dix espèces de *mots* qui composent le discours.

Nous habitons à trois lieues de la *mer*. — Notre *mère* sera bien fatiguée à son retour. — Monsieur le *Maire* est bien charitable.

Donnez-*moi* du pain blanc. — Le *mois* de mai est consacré à la Sainte Vierge.

Ce fromage est *mou*. — *Mouds* mon blé bien vite, je suis pressée. — On ne doit pas faire la *moue*.

Ce *mur* a bien besoin d'être haussé. — Ces *mûres* sont bonnes. — Ce raisin est *mûr*. — On *mure* la porte de l'enclos.

Nettoyez ces verres jusqu'à ce qu'ils soient *nets*. — Elle *n'est* pas encore partie. — D'une bonne conscience *naît* le bonheur.

Je suis *né* l'an 1824. — Tous, dans notre famille, nous avons le *nez* aquilin.

Avez-vous vu ma sœur? *non*. — Révérons et invoquons avec confiance le saint *nom* de Marie. — Ils *n'ont* pu partir hier.

C'est du *pain* cuit sous la cendre. — Le *pin* est un arbre résineux.— Tu *peins* très-bien.

Son grand-oncle était *pair* de France. — Il me tarde que notre *père* soit de retour. — Il faut que j'achète une *paire* de gants. — l'ambition *perd* les hommes.

Les demoiselles ne jouent pas aux *palets*. — Le bonheur n'habite pas toujours les *palais*.

Le *paon* a une très-belle queue. — Ce *pan* de mur menace ruine. — mon frère a déchiré un *pan* de son habit.

J'apprend à *panser* les plaies. — J'aime à *penser* que je suis aimée de Dieu. — Cette *pensée* est sublime. — J'ai cueilli une *pensée*.

Bientôt j'irai à *Paris*. — Le *pari* est la dernière raison d'un sot. — Il *parie* sa voiture contre la vôtre.

Il faut arrêter à la *pause*. — *Pose* ce livre sur la table.

Je *pelle* des pommes. — La *pelle* du four est cassée.

Ce grenier est *plein* de blé. — Mettez votre plume sur le *plain*.

Nous avons des lapins dont le *poil* est doux comme de la soie. — Nous avons besoin de faire dérouiller nos *poêles* à frire. — Il faut faire mettre un *poêle* dans cette classe.

Les *pois* ne sont pas cuits. — Les nouveaux *poids* sont plus commodes que les anciens. — La *poix* est une substance résineuse.

Le *pont* de la Roche-Bernard est fort beau. — Cette poule *pond* tous les jours.

Cette enfant a des *poux*. — Ce malade a le *pouls* mauvais.

Il faut obéir sans *raisonner*. — Cet animal furieux faisait *résonner* les bois de ses hurlements.

J'ai acheté des *ris* de veau. — Le *riz* se vendra cher cette année, car il est rare. — Entendez-vous les *ris* de cet enfant? — Il *rit* de bon cœur.

Cette robe est *sale*. — Cette *salle* est superbe. — Notre domestique *sale* beaucoup les aliments.

Il faut travailler avec ardeur à l'affaire de son *salut*. — Je vous *salue* de la part de vos amis.

Son père est garde des *sceaux*. — Le *seau* de la cuisine coule. — Votre cousine a fait deux *sauts* (chutes) qui lui ont coûté la vie. — Combien de *sots* croient avoir de l'esprit !

Ma mère *sent* qu'elle se meurt. — On ne partira pas *sans* vous. — Cette personne raisonne avec bon *sens*. — On a saigné ma sœur aujourd'hui : son *sang* n'est pas vilain. — J'ai reçu *cent* francs d'à-compte. — Votre père ne *s'en* souvient pas.

J'ai eu cinq aiguilles pour un *sou*. — Le banc est *sous* la table.

Combien je *suis* contente de vous voir en de si bonnes disposi-tions! — Elle *suit* les avis de ses maîtresses. — Cette cheminée est pleine de *suie*.

Ce livre est *sur* la table. — Ce commissionnaire est *sûr*.

Ta robe est déchirée. — Voilà un beau *tas* de pierres.

Ma *tante* est venue me voir la semaine dernière. — Les anciens patriarches demeuraient sous des *tentes*.

Cet homme *tend* vers sa ruine. — Tu ne *t'en* souviens plus. — Le *tan* sert à tanner. — J'ai *tant* marché aujourd'hui que je me sens fatiguée. — *Tends* les filets, car le *temps* est propre à la pêche.

Le *toit* de cette maison est élevé. — Ces livres sont à *toi*.

Vous avez *tort* de faire cela. — Notre bonne *tord* du fil. — Cette enfant a le cou *tors*.

Ce cheval a le *trot* très-doux. — Tu arrives *trop* tard.

Votre espérance est *vaine*. — Le marbre a ordinairement beau-coup de *veines*. — Il n'a plus de sang dans les *veines*.

Je vais faire passer ce blé au *van*. — Le *vent* a déraciné un de nos peupliers. — Le sucre se *vend* bien cher cette année.

L'aimant se tourne *vers* le Nord. — Le *ver* est un insecte rongeur. — Mon *verre* est en cristal. — Racine excellait à faire les *vers*. — Cette dame porte un chapeau *vert*.

Ce *vin* est de première qualité. — Il y a *vingt* mois que cette maison appartient à mon père. — Tu *vins* hier plus tôt qu'aujour-d'hui. — Cet homme est fier et *vain*.

Il manque une *vis* à mon compas. — L'oisiveté est la mère de tous les *vices*.

Votre sœur a une très-belle *voix*. — Vous êtes entrée dans une bien douce *voie*. — *Vois* combien il est doux de remplir ses devoirs.

FIN.

Nantes, Imp. de Vincent Forest et Émile Grimaud, place du Commerce, 1.

www.ingramcontent.com/pod-product-compliance
Ingram Content Group UK Ltd.
Pitfield, Milton Keynes, MK11 3LW, UK
UKHW020943140726
13695UKWH00003B/1171